Alexander Friesenegger/Sebastian Riegler-Rittner

Performance quantitativer Value-Strategien am deutschen Aktienmarkt am Beispiel des DAX-30

IGEL Verlag

Friesenegger, Alexander/Riegler-Rittner, Sebastian

Performance quantitativer Value-Strategien am deutschen Aktienmarkt am Beispiel des DAX-30

1. Auflage 2009 | ISBN: 978-3-86815-248-7

© IGEL Verlag GmbH , 2009. Alle Rechte vorbehalten.

Die Deutsche Bibliothek verzeichnet diesen Titel in der Deutschen Nationalbibliografie. Bibliografische Daten sind unter http://dnb.ddb.de verfügbar.

Dieses Fachbuch wurde nach bestem Wissen und mit größtmöglicher Sorgfalt erstellt. Im Hinblick auf das Produkthaftungsgesetz weisen Autoren und Verlag darauf hin, dass inhaltliche Fehler und Änderungen nach Drucklegung dennoch nicht auszuschließen sind. Aus diesem Grund übernehmen Verlag und Autoren keine Haftung und Gewährleistung. Alle Angaben erfolgen ohne Gewähr.

IGEL Verlag

Inhaltsverzeichnis

Überblick	1
I. Einleitung	2
II. Hintergrund zur Value-Strategie	4
1. Was ist eine Value-Strategie	4
2. Ursprung der Value-Strategie	5
3. Was ist eine quantitative Value-Strategie	6
III. Methodik	10
IV. Ergebnisse	15
1. Einfluss der Fundamentals auf die Rendite	15
2. Performance der Value-Strategie	18
3. Trend	25
V. Einflussfaktoren und Interdependenzen	28
1. Einflussfaktoren	28
2. Interdependenzen zwischen den Strategien	31
VI. Risikobetrachtung	33
1. Omega	33
2. Modifiziertes Beta	40
VII. Erklärungsansätze für den Erfolg der Value-Strategie	43
1. Risikotheorie	43
2. Behavioral Finance Ansatz	46
3. Fehler beim methodischen Vorgehen als Ursache	48
VIII. Fazit	50
Literatur	52
Anhang	55

Überblick

- In dieser Arbeit beschäftigen wir uns mit der Fragestellung, ob sich in dem von uns untersuchten Zeitraum von Januar 1980 bis Dezember 2005 durch Anwendung einer Value-Strategie eine Rendite erzielen lässt, die höher ist, als sie es bei Anwendung einer auf dem DAX basierenden Index-Strategie wäre. Als Fundamentals wurden hierbei das Kurs-Gewinn-Verhältnis, die Dividendenrendite oder eine auf diesen beiden Kennzahlen basierende multivariate Strategie verwendet.

- Das Value-Portfolio, bestehend aus den sechs DAX-Werten mit den jeweils „besten" Ausprägungen des untersuchten Fundamentals, erzielt bei allen der drei untersuchten Strategien eine durchschnittlich höhere Rendite als dies bei der Index-Strategie der Fall gewesen wäre. Diese Überrendite liegt in etwa zwischen 2,5% und 4,5%, sowohl bei einer unterstellten Haltedauer von einem Jahr, als auch bei drei Jahren.

- Um diese höhere Rendite zu erzielen, muss ein Investor kein höheres Risiko hinnehmen. Während die Standardabweichungen der Renditen noch annähernd gleich groß, doch aufgrund (wenn auch nur geringer) Unterschiede bezüglich Schiefe und Kurtosis der Verteilungen nicht vollkommen vergleichbar sind, zeigt sich bei Verwendung des Omega oder eines modifizierten Beta, dass das Risiko bei Anwendung der Value-Strategie sogar geringer als bei der Index-Strategie ist.

- Besonders in Phasen, in denen der Markt insgesamt eher schlechte oder negative Renditen erzielt, ist die Value-Strategie vorteilhaft. Erst bei deutlich überdurchschnittlicher Performance des Index von mehr als 20% ist zu erwarten, dass dieser besser performt als die Value-Strategie. Die durchschnittliche Rendite des DAX lag im Untersuchungszeitraum jedoch lediglich bei etwa 11,37%.

I. Einleitung

In den meisten Studien[1] der vergangenen Jahre herrscht mittlerweile Einigkeit darüber, dass sich mit der Value-Strategie, d.h. dem Investieren in unterbewertete Aktien, höhere Renditen erzielen lassen, als dies mit anderen Anlagestrategien der Fall ist. Auf viele dieser Studien werden wir dabei im Rahmen dieser Arbeit zu sprechen kommen. Kontrovers diskutiert hingegen wird nach wie vor darüber, was die Gründe für diese gute Performance sind.[2]

Trotz der Fülle an Literatur, die sich mit der Value-Strategie befasst, existieren nur recht wenige Studien speziell für den deutschen Aktienmarkt, da sich ein Großteil der Literatur auf den amerikanischen Raum beschränkt. Die Studien, die sich auch mit internationalen Aktienmärkten befassen, sind überwiegend vor dem Jahr 2000 erschienen und berücksichtigen daher die insbesondere für die Value-Strategie turbulente[3] Zeit der New Economy nicht mehr oder nur ansatzweise.

Daher erscheint es durchaus angebracht, sich mit der Frage nach der Performance der Value-Strategie eingehender zu befassen, und zwar sowohl ganz speziell für den deutschen Aktienmarkt, als auch unter Berücksichtigung der Daten der letzten Jahre.

Konkret gehen wir in dieser Arbeit der Frage nach, ob sich mit einer quantitativen Value-Strategie am deutschen Aktienmarkt eine bessere Performance als mit dem DAX[4] erzielen lässt und ob dies bei gleichem oder sogar geringerem Risiko möglich ist.

Dabei ist unsere Arbeit folgendermaßen aufgebaut: in Abschnitt II gehen wir zunächst näher auf die theoretischen Rahmenbedingungen sowie Annahmen der (quantitativen) Value-Strategie ein. In Abschnitt III erläutern wir detailliert unser methodisches Vorgehen, in Abschnitt IV die konkreten Ergebnisse unserer Untersuchungen sowie in wieweit unsere Ergeb-

---

[1] z.B. Baumann, Conover und Miller (1998), Capaul, Rowley und Sharpe (1993), Louis, Jegadeesh und Lakonishok (1995), Fama und French (1998), Lakonishok, Shleifer und Vishny (1994), Stock (2001)

[2] Im Rahmen unserer Arbeit werden wir detaillierter auf die verschiedenen Meinungen hierzu eingehen.

[3] Turbulent war die Zeit in dem Sinne, als während der Boomphase die Value-Strategie deutlich schlechter performte als der Marktindex, wohingegen die Value-Strategie in der Zeit nach dem Zusammenbruch der New Economy deutlich überlegen war.

[4] Die meisten bisher erschienenen Studien vergleichen die Value-Strategie mit der Growth-Strategie. Auf Letztere kommen wir in Abschnitt II auch noch kurz zu sprechen.

nisse eine statistische Signifikanz besitzen. In Abschnitt V werden die Daten differenziert im Hinblick auf unterschiedliche Situationen am Aktienmarkt betrachtet, während Abschnitt VI der Risikobetrachtung der Value-Strategie gewidmet ist. Abschließend geht es in Abschnitt VII noch um die verschiedenen Erklärungsansätze für die gute Performance der Value-Strategie und Abschnitt VIII fasst unsere Untersuchungsergebnisse noch einmal zusammen.

II. Hintergrund zur Value-Strategie

1. Was ist eine Value-Strategie

Zunächst befassen wir uns mit den Annahmen, die im Rahmen der Value-Strategie über den Kapitalmarkt getroffen werden. Bereits in der ersten Hälfte des 20. Jahrhunderts stellte Benjamin Graham die Theorie auf, dass Aktien über einen ‚inneren' oder auch ‚intrinsischen' Wert verfügen, der unabhängig vom gerade an der Börse notierten Kurs ist, und dass dieser damit auch nicht zwangsläufig mit dem Aktienkurs übereinstimmen muss. Demnach wird im Rahmen der Value-Strategie also ein ineffizienter Kapitalmarkt unterstellt. Würde Kapitalmarkteffizienz herrschen, dürften Aktienfehlbewertungen nicht bzw. nur für einen sehr kurzen Zeitraum existieren und nicht, wie bei der Value-Strategie angenommen, für mehrere Monate oder sogar Jahre. Lakonishok, Shleifer und Vishny (1994) nennen als Gründe für Aktienfehlbewertungen unter anderem die Unterstellung eines Trends mit Bezug zur jüngsten Gewinnsituation des Unternehmens oder auch die Überreaktion auf positive wie auch negative Nachrichten seitens der Investoren. Etwas ausführlicher gehen wir auf dieses Thema noch in Abschnitt VII ein. Eine weitere zentrale Annahme hinter dieser Anlagestrategie ist, dass ein Aktienkurs zwar kurz- bis mittelfristig um seinen wahren Wert schwanken kann, langfristig eventuelle Fehlbewertungen allerdings von Seiten der Kapitalmarktteilnehmer erkannt und ausgeglichen werden.

Value-Investoren legen ihr Vermögen nun in unterbewertete Aktien an, da deren Kurse, mit Bezug zur zweiten Annahme, auf lange Frist steigen müssen um ihren intrinsischen Wert anzunehmen. In unserer Arbeit klassifizieren wir eine Aktie nach folgenden drei Kriterien als unterbewertet: der Wert besitzt ein möglichst niedriges Kurs-Gewinn-Verhältnis (KGV), eine möglichst hohe Dividendenrendite (DR), oder gleichzeitig sowohl ein niedriges KGV als auch eine hohe DR. Demnach ist die Value-Strategie aufgrund der getroffenen Annahmen eine langfristige Anlagestrategie. Auch unsere Ergebnisse zeigen, dass die Value-Strategie bei einem Anlagehorizont von drei Jahren verlässlicher ist als bei einem Jahr. Mehr dazu folgt in den Abschnitten IV, V und VI.

Zwei weitere bekannte Anlagestrategien sind die sog. Growth- bzw. Glamour-Strategie und die von uns als Benchmark betrachtete Index-Strategie. Bei ersterer wird vorzugsweise in Wachstumswerte investiert, da Unternehmen, die stark wachsen, insbesondere von privaten Anlegern meist als solides Investment gesehen werden. Bei Unterstellung von Kapitalmarktineffizienz sind dies häufig Werte, die mehr oder weniger stark überbewertet sind. Demnach stellt die Growth-Strategie in gewisser Weise das Pendant zur Value-Strategie dar. Legt man allerdings die Annahmen der Value-Strategie zu Grunde, lässt sich keine rationale Begründung für diese Strategie finden, da überbewertete Aktien ja langfristig Kursverluste hinnehmen müssen. Eine offensichtliche Erklärung, warum diese Strategie dennoch sehr verbreitet ist, ist die Tatsache, dass Growth-Investoren objektiv betrachtet wohl eher als Spekulanten anstatt als langfristige Anleger zu sehen sind, d.h. sie hoffen, dass die entsprechenden Werte eine gewisse Zeit lang noch weiter steigen und sie den Kursabfall rechtzeitig antizipieren, um auszusteigen. Eine weitere, etwas tiefer gehende Erklärung kommt aus dem Gebiet der Behavioral Finance. Auch darauf werden wir zum Abschluss unserer Arbeit noch detaillierter eingehen.

Das Investieren in einen Marktindex ist insbesondere für eher defensive Anleger attraktiv, die einerseits eine breite Risikostreuung wünschen und zum anderen nicht das nötige Wissen über den Kapitalmarkt besitzen, wie es z.B. bei der Value-Strategie nötig ist. Allerdings ist das Risikoargument im Hinblick auf die Ergebnisse unserer Arbeit nicht wirklich fundiert, zumindest im direkten Vergleich der Index- mit der Value-Strategie.

2. Ursprung der Value-Strategie

Als Erfinder und gleichzeitig erfolgreichste Vertreter der Value-Strategie gelten der schon erwähnte Benjamin Graham sowie Warren Buffett. Graham wurde Ende des 19. Jahrhunderts in England geboren, allerdings wanderte seine Familie kurze Zeit später in die Vereinigten Staaten aus. Graham war später als Dozent an der Columbia University in New York tätig, besaß aber auch eine eigene, sehr erfolgreiche Investmentfirma. Wie die meisten Anleger zur damaligen Zeit verloren auch Graham bzw. seine Klienten einen Großteil ihres Vermögens beim großen Börsencrash von 1929. Bemerkenswert ist jedoch, dass Graham in den folgenden Jahren ohne Vergütung für seine damaligen Klienten arbeitete, bis er deren Vermögen wieder hergestellt hatte. Über seine gesamte Tätigkeitsdauer soll Graham eine jährliche Durchschnittsrendite von 17% erwirtschaftet haben.

Buffett war ein Schüler Grahams an der Columbia und arbeitete später auch für Graham, bevor er seine eigene Firma gründete. Als Investor war er sogar noch erfolgreicher als sein Lehrer, mit einer jährlichen Durchschnittsrendite von 23%. Als Gründer des Berkshire-Imperiums galt er lange Zeit als zweitreichster Mann der Welt nach Bill Gates.

Beide vertraten insbesondere die Meinung, dass eine eher statische Strategie, wie z.B. eine 1 Year Buy and Hold Strategie, rentabler ist als eine dynamische Strategie, bei der ein Portfolio bspw. wöchentlich oder noch häufiger umgeschichtet wird. Außerdem betonten sie immer wieder, wie wichtig es sei, sich umfassend über das Unternehmen, das hinter einer Aktie steht, genauso zu informieren, wie man es machen würde, wenn man nicht einige Aktien, sondern gleich das gesamte Unternehmen kaufen würde.

3. Was ist eine quantitative Value-Strategie

Im Wesentlichen existieren zwei Möglichkeiten, um eine Aktie als Value-Aktie oder Nichtvalue-Aktie zu klassifizieren, d.h. zu überprüfen, ob sie unterbewertet ist oder nicht.

Zum einen ist es möglich, z.B. mit Hilfe von Modellen wie dem Discounted Cash Flow Modell, den wahren Wert einer Aktie zu bestimmen. Bei Verwendung dieses Modells spricht man auch von einer ‚reinen' Value-Strategie. Hierbei werden sämtliche relevante Informationen, wie das Vermögen sowie die Verbindlichkeiten des Unternehmens, aber auch Prognosen bezüglich der zukünftigen Performance des Unternehmens und eine Sicherheitsmarge berücksichtigt. Der Grund für einen Sicherheitspuffer ist insbesondere der, dass beim intrinsischen Wert eines Unternehmens auch dessen zukünftige Entwicklung berücksichtigt wird und diese sich aufgrund eventueller unvorhersehbarer Ereignisse nur unvollständig antizipieren lässt.

Wenngleich diese Vorgehensweise auch exakter in Bezug auf die Ermittlung des intrinsischen Wertes einer Aktie ist als die im Folgenden vorgestellte zweite Alternative, ist es eine, auch für eine statische Strategie, vergleichsweise aufwändige Vorgehensweise um ein Portfolio mit den am stärksten unterbewerteten Aktien zu bilden.

Für unsere Arbeit sind wir nach der zweiten Methode vorgegangen. Bei dieser sog. ‚quantitativen' Value-Strategie wird anhand von bestimmten Kennzahlen, sog. Fundamentals, entschieden ob eine Aktie unterbewertet ist. Bevor wir nun auf die genaue Vorgehensweise näher eingehen, erläutern wir zunächst einige dieser Fundamentals, insbesondere die von uns verwendeten.

Die erste von uns betrachtete Kennzahl ist die Dividendenrendite (DR). Sie errechnet sich aus dem Quotienten von Dividende je Aktie und dem aktuellen Aktienkurs. Das Ergebnis wird meist noch mit 100 multipliziert um einen Wert in Prozent zu erhalten. Um als Aktie in ein Value-Portfolio aufgenommen zu werden, sollte die Dividendenrendite des Unternehmens möglichst hoch sein, da eine hohe DR im Idealfall bedeutet, dass ein Unternehmen seine wirtschaftlich starke Position durch eine hohe Dividendenausschüttung zum Ausdruck bringen will, auch wenn diese wirtschaftliche Stärke noch nicht durch einen entsprechend hohen Aktienkurs honoriert wird. Wie der Anfang des vorigen Satzes schon impliziert gibt es allerdings bei der Dividendenrendite, wie auch bei allen anderen Fundamentals, keinen Absolutwert, ab dem eine Aktie als Value-Aktie gilt. Dies zeigt sich auch bei der von uns verwendeten relativen Strategie, die bei der Beschreibung der Vorgehensweise noch näher erläutert wird.

Wie bei allen Fundamentals ist es jedoch möglich, dass die Werte durch bestimmte Umstände, z.B. kurzfristige Marktschwankungen, außergewöhnlich hoch oder niedrig ausfallen. Beispielsweise kann bei der DR ein hoher Wert das Resultat eines durch eine Falschmeldung verursachten Kurseinbruchs sein, der vielleicht schon wenige Tage später wieder ausgeglichen ist. Daher sollte man stets bedenken, dass es so durchaus zu suboptimalen Entscheidungen kommen kann. Speziell bei der DR muss auch erwähnt werden, dass die Höhe der Dividendenausschüttung nur begrenzt Rückschlüsse auf die wirtschaftliche Situation und Robustheit eines Unternehmens zulässt, da viele Unternehmen eine konstant beleibende Dividende über einen längeren Zeitraum anstreben. Eine gute Performance in diesem Zeitraum wird dann beispielsweise durch eine einmalige Sonderausschüttung an die Aktionäre vergütet.

Eine weitere von uns verwendete Kennzahl ist das Kurs-Gewinn-Verhältnis (KGV). Dieses sollte nun mit Blick auf die Value-Strategie möglichst niedrig sein, da dies z.B. bedeutet, dass der Kurs noch nicht die Performance[5] des Unternehmens widerspiegelt oder auch, dass die künftige Gewinnsituation des Unternehmens als zu schlecht antizipiert wird, was sich dann in einem zu niedrigen Kurs widerspiegelt. Basu (1977) zeigt jedenfalls, dass Aktien mit einem niedrigen KGV höhere Renditen erzielen, als Aktien mit einem hohen KGV. Diesen Zusammenhang werden wir auch im Rahmen unserer Arbeit im Abschnitt IV bestätigen.[6] Allerdings gilt es auch das am Ende des letzten Absatzes Erwähnte zu beachten, da

---

[5] gemessen anhand der Gewinne
[6] analog für die Dividendenrendite

ein sehr hohes KGV beispielsweise durch begründete hohe Wachstumserwartungen, aber auch durch einen temporären Gewinneinbruch verursacht werden kann. Im ersten Fall würde das Unternehmen zu Recht nicht in das Value-Portfolio aufgenommen, im zweiten erfolgt die Aufnahme eventuell zu Unrecht nicht.

Ebenfalls häufig in der Literatur werden noch das Kurs-Buchwert-Verhältnis (KBV), sowie das Kurs-Cashflow-Verhältnis (KCV) erwähnt. Jedoch haben wir in unserer Arbeit keine dieser beiden Kennzahlen näher betrachtet.

Des Weiteren ist es auch möglich, nach mehreren dieser Kennzahlen gleichzeitig zu klassifizieren. Dies wird dann allgemein als Multivariate Strategie bezeichnet, im Gegensatz zu einer Univariaten Strategie, bei der die Portfoliobildung nur anhand einer Kennzahl erfolgt. Wir haben mit der DR und dem KGV ebenfalls die Performance einer Multivariaten Value-Strategie untersucht. Speziell in unserem Fall würde man sich von einer Multivariaten Vorgehensweise erhoffen, dass z.B. der Einfluss einer außergewöhnlich hohen DR aufgrund einer einmaligen Sonderausschüttung durch die Einbeziehung des KGV gedämpft und damit konstanter wird.

Unsere quantitative Vorgehensweise haben wir im Rahmen einer relativen Strategie angewendet. Bei einer relativen Strategie betrachtet man lediglich eine begrenzte Anzahl an Werten, z.B. alle Werte aus einem Marktindex, wie in unserer Arbeit die Werte des DAX-30. Zunächst ermittelt man für sämtliche Werte die entsprechende Kennzahl und bringt die Werte dann anhand der Kennzahl unter Beachtung des Auswahlkriteriums, z.B. eines möglichst niedrigen KGV, in eine Reihenfolge. Dann bildet man ein Portfolio aus den besten k Werten. Die Zahl k ist grundsätzlich frei wählbar, jedoch sollte sie natürlich in einem sinnvollen Verhältnis zur Gesamtzahl der betrachteten Werte stehen, d.h. bei 30 Werten würde es bei unserer Vorgehensweise keinen Sinn machen, ein Portfolio aus 20 Werten zu bilden, da so die erhoffte Aussagekraft der Fundamentals stark eingeschränkt würde. In unserer Arbeit haben wir je die besten sechs Werte ins Portfolio aufgenommen. Aus dem eben Erwähnten ergibt sich nun auch, warum Absolutwertvorgaben für die Fundamentals hier keinen Sinn machen, da man einfach nur die besten k Werte relativ zu einer vorgegebenen Menge betrachtet. Hat man das Gefühl, dass beispielsweise Werte mit zu hohem KGV noch ins Portfolio aufgenommen werden, weil der KGV-Unterschied zwischen erstem und k-tem Wert sehr hoch erscheint, könnte man einfach die betrachtete Grundgesamtheit erhöhen.

Diese Vorgehensweise kann nun in beliebigen Zeitabständen wiederholt werden, um das Portfolio jeweils an die aktuelle Situation der Unternehmen anzupassen.

III. Methodik

Die Grundlage unserer Betrachtungen ist der DAX-30 im Zeitraum von Januar 1980 bis Dezember 2005. Zu beachten ist hierbei, dass es den DAX erst seit 1987 gibt, jedoch wurde der DAX in unserer Informationsquelle bis 1980 zurückgerechnet. Sämtliche verwendete Daten zur Bildung der Value-Portfolios, sowie über den DAX stammen aus zwei Quellen. Die Mehrzahl der Werte stammt aus der Datenbank von Datastream. Da diese leider nicht vollständig in Bezug auf die Unternehmen ist, die in diesem Zeitraum im DAX waren, sahen wir uns dazu gezwungen, fehlende Daten aus einer weiteren Quelle, den Hoppenstedt Börsenführern, zu beschaffen. Obwohl wir mit diesen zwei Quellen einen Großteil[7] der benötigten Informationen erhalten haben, war es leider nicht möglich, alle für uns interessanten Daten zu bekommen. Insbesondere handelt es sich hierbei um Kennzahlen bestimmter Unternehmen aus den frühen 1980ern, welche daher in unserer Arbeit nicht berücksichtigt werden.

Anhand der uns zur Verfügung stehenden Werte haben wir viermal pro Jahr ein Portfolio gebildet, bestehend aus den besten sechs aus 30 Werten, d.h. die Werte mit der höchsten DR bzw. dem niedrigsten KGV. Auf die Multivariate Strategie gehen wir zum Abschluss dieses Abschnitts noch gesondert ein. Ebenfalls ist noch zu erwähnen, dass wir Unternehmen mit einem negativen KGV aufgrund negativer Gewinne nicht bei der Portfoliobildung berücksichtigt haben[8]. Der Grund hierfür liegt in der Interpretation des KGV als dem Betrag, den man in ein Unternehmen investieren müsste, um an einem Euro des Gewinns beteiligt zu sein.

Die DR haben wir aus den gegebenen Dividends per share (DPS) und dem Kurs eines jeden Werts errechnet, den KGV aus den ebenfalls gegebenen Earnings per share (EPS)[9] und dem Kurs. Anschließend wurden alle Werte zu jedem der Portfoliobildungszeitpunkte in eine Reihenfolge gebracht, aus denen je die besten sechs Werte ausgewählt wurden. Diese wurden in

---

[7] über 90%

[7] Dieses Vorgehen steht im Einklang mit der gängigen Literatur. Beispielsweise eliminieren Lakonishok et. al (1994) entsprechende Unternehmen über eine Dummy-Variable aus dem Prozess der Portfoliobildung.

[8] sowohl für die DPS als auch EPS wurden i.d.R. aktuelle Daten, beispielsweise aus vierteljährlichen Gewinnbekanntgaben oder Monatsreports verwendet; für Unternehmen, für die entsprechende Daten nicht regelmäßig bzw. in ausreichendem Detaillierungsgrad veröffentlicht wurden, wurden auch Prognosen verwendet.

den Portfolios gleich gewichtet. Als Zeitpunkte für die Portfoliobildung haben wir Ende März, Ende Juni, Ende September sowie Ende Dezember ausgewählt. Der Grund dafür, die Portfolios immer am Ende eines Quartals zu bilden, war in erster Linie der, einen look ahead bias zu vermeiden. Bei einem solchen Verfahrensfehler wird unterstellt, dass ein Anleger bereits zu einem Zeitpunkt über bestimmte Informationen verfügt, über die er zu diesem Zeitpunkt aber noch gar nicht verfügen konnte, da sie z.B. noch gar nicht veröffentlicht waren. In unserem Fall liegt der Grund für unsere Entscheidung darin, dass in Datastream Informationen über Kennzahlen nicht für alle Unternehmen am ersten eines Monats für den jeweils vorangegangenen Monat veröffentlicht werden, sondern für manche Unternehmen erst in der zweiten Hälfte eines Monats. Die Relevanz zur Vermeidung dieses Verfahrensfehlers ergibt sich vor allem daraus, dass unsere Untersuchung nicht nur eine empirische Analyse vergangener Daten sein soll. Sie soll vielmehr auch eine Strategie untersuchen, die für Anleger realistisch anwendbar ist. Dies wäre nicht gegeben, wenn man unterstellt, dass Daten zu Zeitpunkten verwendet werden, zu denen sie gar nicht verfügbar waren.

Die auf diese Weise gebildeten Portfolios haben wir dann für einen Zeitraum von je einem und drei Jahren auf ihre Performance hin untersucht und dann mit der Performance des DAX in diesem Zeitraum verglichen. Um die Vergleichbarkeit der Performance der Unternehmen im Portfolio mit dem DAX herzustellen, haben wir den in Datastream für jedes Unternehmen gegebenen Return Index (RI)[10] verwendet. Demnach wurde beispielsweise einfach für jedes im Portfolio enthaltene Unternehmen der RI von März 1981 durch den RI von März 1980 dividiert, um die 1-Jahres-Performance des Unternehmens zu erhalten. Da sämtliche Werte im Portfolio gleich gewichtet wurden, haben wir anschließend den Mittelwert gebildet, um die 1-Jahres-Portfolio-Performance zu erhalten. In dem jeweils betrachteten Zeitraum[11] haben wir die Portfolios unverändert gelassen, es sei denn, ein im Portfolio enthaltener Wert ist vor Ablauf der jeweils verbleibenden Haltedauer aus dem DAX ausgeschieden. In diesem

---

[10] Für die Daten, die aus dem Hoppenstedt Börsenführer stammen, haben wir den RI selbst berechnet und zwar mit der in Datastream angegebenen Formel:

$RI_t = RI_{t-1} * \dfrac{PI_t}{PI_{t-1}} (1 + \dfrac{DY_t}{100} * \dfrac{1}{N})$ wobei PI für den Aktienkurs steht, DY für die Dividendenrendite in Prozent, N wurde auf den Wert vier gesetzt, da wir viermal pro Jahr ein Portfolio bilden und der Index t bezieht sich auf die jeweiligen Portfoliobildungszeitpunkte.

[11] 1 Jahr oder 3 Jahre

Fall haben wir die Performance des gebildeten Portfolios bis zum Zeitpunkt des Ausscheidens eines Wertes bzw. bis zum nächsten der vier Portfoliobildungszeitpunkte pro Jahr errechnet, d.h. wird ein Portfolio beispielsweise im März 1980 gebildet und scheidet einer der enthaltenen Werte im August 1980 aus dem DAX aus, haben wir die Performance von März 1980 bis September 1980 errechnet. Für die verbleibende Haltedauer haben wir dann die Performance ab dem Zeitpunkt ab dem ein Wert ausscheidet, für die verbleibende Haltedauer gemessen und zwar nun für das Portfolio, das zu diesem Zeitpunkt, also in unserem Beispiel im September 1980, gebildet worden ist. Anschließend haben wir die Renditen dieser beiden[12] Zeitintervalle miteinander multipliziert, d.h. wir haben unterstellt, dass die Rendite aus der ersten Zeitperiode wieder in der zweiten Periode reinvestiert wird.

Die soeben beschriebene Vorgehensweise der Portfolioauflösung und -neubildung im Falle des Ausscheidens eines im Portfolio enthaltenen Wertes aus dem DAX hat zur Folge, dass sich hierdurch die effektive Haltedauer der Portfolios reduziert. Bei einem Jahr Haltedauer ist dieser Effekt vernachlässigbar, da sich die durchschnittliche Haltedauer bei allen drei Strategien um lediglich ein bis zwei Prozent reduziert. Bei einer Haltedauer von drei Jahren beträgt diese jedoch im Durchschnitt beim KGV etwa 2 Jahre und 11 Monate, bei der Multivariaten Strategie 2 Jahre und 9 Monate sowie bei der DR nur 2 Jahre und 6 Monate. Diese Ausführungen dienen lediglich der Transparenz bezüglich der von uns verwendeten Begriffe (3 Year Buy and Hold etc.). Auf die Ergebnisse wirkt sich dieser Sachverhalt hingegen nicht aus.

In diesem Zusammenhang sollte noch erwähnt werden, dass ein Kritikpunkt an vergangenen Studien oftmals der war, dass Unternehmen, die zwar zum Zeitpunkt der Portfoliobildung nach dem Auswahlkriterium ins Portfolio hätten aufgenommen werden müssen, allerdings vor Ablauf der Haltedauer aus dem Index bzw. komplett aus dem Markt ausgeschieden sind, gar nicht erst betrachtet wurden. Natürlich ist eine solche Vorgehensweise auch nur rückblickend möglich und reduziert die Tauglichkeit der Ergebnisse bezüglich einer realen Anwendung der Strategie. Durch die oben beschriebene Vorgehensweise haben wir diesen Verfahrensfehler (auch als „survivorship bias" bekannt) jedoch nicht begangen.

---

[12] bei der 3 Year Buy and Hold Strategie waren es auch einmal drei Zeitintervalle

Transaktionskosten haben wir pauschal mit 20 Basispunkten je Transaktion berücksichtigt. Im Normalfall waren dies je Portfolio zwei Transaktionen, die Bildung des Portfolios sowie dessen Auflösung nach Ablauf der Haltedauer. In den Fällen, in denen ein Wert aus dem DAX ausschied, haben wir entsprechend zwei weitere Male die Transaktionskosten miteinbezogen. Im Falle der Value-Portfolios geschah dies natürlich nur dann, wenn der entsprechende Wert auch tatsächlich gerade in einem Value-Portfolio, dessen Haltedauer noch nicht abgelaufen war, enthalten war. Schieden also beispielsweise bei der 3-Jahres-Strategie von September 1980 bis September 1983 insgesamt drei Werte zu drei verschiedenen Zeitpunkten aus dem DAX aus, so haben wir für das DAX-Portfolio insgesamt achtmal Transaktionskosten berücksichtigt. War weiterhin keiner dieser drei Werte in dem entsprechenden Value-Portfolio enthalten, so haben wir für dieses nur zweimal Transaktionskosten berechnet.

Insbesondere für den Fall, dass bei Anwendung der 1-Jahres- oder auch 3-Jahres-Strategie ein Wert, der im Portfolio enthalten ist, bereits vor Ablauf eines Jahres aus dem DAX ausscheidet, stellt sich die Frage, inwiefern hier eine Steuer auf Spekulationsgewinne nach § 23 EStG relevant ist. Für unsere Arbeit haben wir eine solche Steuer aus folgenden zwei Gründen nicht berücksichtigt: erstens handelt es hierbei um eine „Einkommensteuer auf sonstige Gewinne aus privaten Veräußerungsgeschäften" und demnach betrifft diese Steuer lediglich Privatanleger. Zweitens existiert die entsprechende Regelung in ihrer heutigen Form erst seit 1999. Für die Jahre 1997 und 1998 ist sie vom Bundesverfassungsgericht für nichtig erklärt worden. Davor musste man Aktien lediglich ein halbes statt einem ganzem Jahr halten, um der ‚Spekulationssteuer' zu entgehen.

Nun gehen wir noch gesondert auf einige Erläuterungen zur Vorgehensweise bei der Multivariaten Strategie ein. Bei dieser Strategie haben wir sowohl anhand der DR wie auch des KGV entschieden, wie die Value-Portfolios zusammengestellt werden. Zunächst haben wir hierbei keine Gewichtung vorgenommen, d.h. DR und KGV als gleichwertig bezüglich der Wichtigkeit eingestuft. Auf unterschiedliche Gewichtungen gehen wir direkt im Ergebnisabschnitt näher ein. Die nachfolgenden Erläuterungen beziehen sich daher in erster Linie auf die Gleichgewichtung von DR und KGV.

Im ersten Schritt haben wir die schon gebildete Reihenfolge der Aktien sowohl für KGV als auch DR zu jedem Portfoliobildungszeitpunkt betrachtet. Diese Platzierungswerte haben wir dann für jedes Unternehmen addiert und die so erhaltenen Werte in eine aufsteigende Reihenfolge gebracht. Da sowohl bei DR wie auch KGV Platz 1 dem nach dem Auswahlkriterium, also höchste DR und niedrigster KGV, besten Unternehmen zugewiesen wird, haben wir die Value-Portfolios bei der Multivariaten Strategie demnach aus den sechs Unternehmen zusammengestellt, deren Summe der Plätze am niedrigsten war. Kam es vor, dass für zwei oder mehrere Unternehmen der gleiche Wert herauskam, z.B. Unternehmen A: Platz 1 und 3 und Unternehmen B: Platz 2 und 2, haben wir uns für das Unternehmen entschieden, das auf beide Kriterien gesehen konstanter war, hier also Unternehmen B. Der Grund hierfür ist der, dass wir ja beide Kriterien zunächst als gleichwichtig eingestuft haben und keinem den Vorzug geben wollten. Für den Fall, dass auch hier keine eindeutige Entscheidung möglich war, haben wir die Platzierung zum jeweils vorangegangenen Portfoliobildungszeitpunkt betrachtet und uns für das zu diesem Zeitpunkt Bessere entschieden. Dieser Fall wäre z.B. eingetreten wenn Unternehmen A auf Platz 4 und 5 gestanden hätten und Unternehmen B auf Platz 5 und 4. Die sonstige Vorgehensweise, also ab dem Zeitpunkt, ab dem die Portfolios gebildet waren, entspricht der bei DR und KGV.

IV. Ergebnisse

1. Einfluss der Fundamentals auf die Rendite

Die Verwendung einer quantitativen Value-Strategie verlangt, dass anhand des zugrunde gelegten Fundamentals eine mehr oder weniger zuverlässige Aussage über die künftige Wertentwicklung einer Aktie getroffen werden kann, dass also ein bestimmbarer Zusammenhang zwischen der zu erwartenden Rendite einer Aktie und dem entsprechenden Fundamental besteht. Falls die empirischen Beobachtungen diese Annahme nicht bestätigen sollten, der Zusammenhang zwischen einem Fundamental und Rendite also nicht signifikant oder sogar der vorausgesagten Beziehung entgegen gerichtet ist, so ist die Verwendung dieses Fundamentals zur Klassifizierung einer Aktie wohl als eher zweifelhaft anzusehen.

Um nun allgemein zu prüfen, ob ein Zusammenhang zwischen Aktienrendite und den in dieser Arbeit betrachteten Fundamentals (KGV, DR, Multivariat mit KGV und DR) in dem von uns untersuchten Markt (DAX-30) in der vorhergesagten Weise angenommen werden kann, haben wir eine OLS-Regression durchgeführt. Dabei stand im Mittelpunkt der Betrachtung, ob die höhere bzw. niedrigere Rendite einer Aktie im Vergleich zum Marktindex durch die Ausprägung des untersuchten Fundamentals erklärt werden kann.

Hierfür wurden die in den Jahren 1980 bis 2004 im DAX enthaltenen Werte jeweils zum Ende der Monate März, Juni, September und Dezember betrachtet. Zu den genannten Zeitpunkten wurde für jede Aktie die Ausprägung des untersuchten Fundamentals bestimmt, sowie die Performance der Aktie und des Index bis zum entsprechenden Zeitpunkt im Folgejahr. Da wir in jedem Jahr vier Portfoliobildungszeitpunkte haben, überschneiden sich die Halteperioden stark (bei März- und Juni-Betrachtung würden sich diese beispielsweise in neun von zwölf Monaten überschneiden). Um die ansonsten aus diesem Umstand resultierende Autokorrelation zu vermeiden, haben wir die Grundgesamtheit der untersuchten Werte entsprechend der oben genannten Zeitpunkte getrennt, sodass wir vier Datenreihen erhielten, welche sich bezüglich der Betrachtungsperiode nicht überschneiden (z.B. Datenreihe 1: Performance der zwischen 1980 und 2004 im DAX enthaltene Werte jeweils von März eines Jahres bis März des Folgejahres; Datenreihe 2: ...von Juni bis Juni des Folgejahres... usw.).

Für jede dieser vier Datenreihen, die sich somit ergaben, wurde jeweils eine Regression nach folgendem Modell durchgeführt:

$$R_{i,t} - R_{DAX,t} = \gamma_0 + \gamma_1 \cdot F_{i,t} + u_{i,t}$$

Dabei bezeichnet $R_{i,t}$ die Rendite der Aktie i im Jahr t, $R_{DAX,t}$ die Vergleichsrendite des Index im Jahr t, $F_{i,t}$ das Fundamental, anhand dessen regressiert wird, und u_i den Störterm. Der Grund dafür, dass für die Regression die Überrendite einer Aktie im Vergleich zum Marktindex betrachtet wird, liegt in erster Linie darin, dass auf diese Weise allgemeine Markttrends, welche in keinen direkten Zusammenhang mit der Ausprägung des Fundamentals gebracht werden können, kompensiert werden. Für das Regressionsmodell ergaben sich, getrennt nach Betrachtungszeitpunkt und untersuchtem Fundamental, folgende Koeffizienten (in Prozent)[13]:

Tabelle 1: Regressionskoeffizienten des Zusammenhangs Rendite vs. Fundamental

Fundamental	Betrachtungszeitpunkt			
	März	Juni	September	Dezember
Kurs-Gewinn-Verhältnis	γ_0 = 11,64 (3,05**) γ_1 = -0,68 (-2,46*)	γ_0 = 8,73 (3,36**) γ_1 = -0,48 (-3,01**)	γ_0 = 10,34 (3,61**) γ_1 = -0,60 (-3,21**)	γ_0 = 8,76 (2,76**) γ_1 = -0,49 (-2,26*)
Dividendenrendite	γ_0 = -6,36 (-1,32) γ_1 = 3,41 (2,80**)	γ_0 = -3,57 (-0,76) γ_1 = 2,06 (1,83*)	γ_0 = -2,53 (-0,58) γ_1 = 1,77 (1,57)	γ_0 = -3,28 (-0,88) γ_1 = 2,15 (2,45**)
Multivariate Strategie	γ_0 = 6,79 (2,98**) γ_1 = -0,19 (-2,19*)	γ_0 = 5,82 (2,59**) γ_1 = -0,19 (-2,10*)	γ_0 = 4,91 (2,09*) γ_1 = -0,12 (-1,39)	γ_0 = 4,80 (2,09*) γ_1 = -0,08 (-1,51)

*In Klammern jeweils die zugehörigen t-Werte, wobei: * signifikant auf 5%-Niveau; ** signifikant auf 1%-Niveau*

Da die Anwendung eines gewöhnlichen t-Tests voraussetzt, dass weder Heteroskedastizität noch Autokorrelation vorliegen, haben wir zur Bestimmung der Signifikanzniveaus der durch die Regression erhaltenen Werte einen Newey-West-Test[14] durchgeführt, welcher in EViews enthal-

---

[13] Die Regressionen und Tests wurden weitestgehend unter Verwendung von EViews durchgeführt. Die entsprechenden Screenshots mit über die hier angegebenen hinausgehenden Informationen sind im Anhang A zu finden.

[14] Hierbei wird die für die Regression verwendete Varianz-Kovarianz-Matrix mithilfe des von Newey und West vorgeschlagenen Schätzers bestimmt, welcher auch im

ten ist und auch ohne Vorliegen der oben genannten Voraussetzungen durchgeführt werden kann.

Der Test führte für die einzelnen Koeffizienten zu den in der Tabelle in Klammern angegebenen t-Statistiken, welche zu ihrer Interpretation mit den entsprechenden Quantilen der t-Verteilung zu vergleichen sind.

Zwar lässt sich die Konstante γ_0 je nach betrachtetem Fundamental sinnvoll interpretieren, doch hat sie keine Relevanz bezüglich des untersuchten Zusammenhangs, sodass wir hierauf nicht weiter eingehen.

Von größerem Interesse ist hingegen der Steigungsparameter γ_1.

Zum einen bestätigt er die angenommene Richtung der Beziehung zwischen Fundamental und Rendite:

- je höher das KGV, desto niedriger ist die Rendite der Aktie im Vergleich zu der des Index; daher lassen Aktien mit niedrigem KGV eine tendenziell höhere Rendite erwarten
- je höher die Dividendenrendite, desto höher ist die zu erwartende Rendite der entsprechenden Aktie relativ zum Index
- je höher der bei der Multivariaten Strategie gebildete Index ist (Summe der relativen Platzierung anhand KGV und DR), desto niedriger ist die (Über-) Rendite

Zum anderen fällt bei Betrachtung der t-Statistiken auf, dass der Zusammenhang zwischen den untersuchten Fundamentals und der Überrendite im Vergleich zum Index größtenteils als signifikant bezeichnet werden kann. Bei der Multivariaten Strategie deuten die t-Statistiken zwar auf keinen allzu signifikanten Einfluss hin, dennoch scheint ein gewisser Zusammenhang vorhanden zu sein, sodass auch diese Strategie in unsere weiteren Betrachtungen einbezogen wird.

An dieser Stelle sei erwähnt, dass zwar offensichtlich ein Zusammenhang zwischen Fundamental und Rendite besteht, der Beitrag, den das jeweils untersuchte Fundamental zur Erklärung der Rendite insgesamt leistet, jedoch relativ gering ist. So liegt das korrigierte Bestimmtheitsmaß bei allen der gerade beschriebenen Regressionen bei weniger als 2,5%.[15]

Falle von Heteroskedastizität und Autokorrelation konsistent ist, vgl. Anhang B sowie William H. Greene, Econometric Analysis (2003), S.200 f. Der beim Signifikanztest erhaltene Wert der Teststatistik ist mit dem entsprechenden Quantil der t-Statistik zu vergleichen.

[15] Um diesen Sachverhalt graphisch zu verdeutlichen, verweisen wir auf die Abbildung in Anhang C, in welcher die Renditen in Abhängigkeit zu den verschiedenen Ausprägungen der Fundamentals dargestellt sind.

2. Performance der Value-Strategie

Nachdem die zugrunde gelegte Annahme für den von uns betrachteten Markt bestätigt werden konnte, werden wir im Folgenden auf die Performance der untersuchten Value-Strategien näher eingehen.

Für die jeweils zum Ende eines jeden Quartals aus den sechs Aktien mit der besten Ausprägung des betrachteten Fundamentals gebildeten Portfolios wurde die Performance sowohl für eine Haltedauer von einem Jahr, als auch für drei Jahre bestimmt und mit der entsprechenden Performance des Index verglichen. Bei einer Haltedauer von drei Jahren wurde aus der Performance über den gesamten Zeitraum die sich hieraus ergebende effektive Jahresrendite berechnet.

Bevor nun der Erwartungswert und die Standardabweichung der Renditen des Index sowie der gebildeten Portfolios miteinander verglichen werden können, muss man einen Blick auf die jeweils zugrunde liegende Verteilung werfen. Dabei zeigt sich, dass die auf den Beobachtungswerten basierenden Verteilungen lediglich bei der DR eine gegenüber der Normalverteilung auffällig abweichende Schiefe und Kurtosis besitzen.[16] Beim Vergleich der Erwartungswerte und der Standardabweichungen der Index- und der Value-Strategien ist vor allem relevant, ob die entsprechenden Renditen einer miteinander vergleichbaren Verteilung gehorchen. Bei graphischer Analyse mithilfe eines QQ-Plot[17] ist keine ausgeprägte oder systematische Abweichung der Verteilungen von KGV und Multivariater Strategie gegenüber der des Index zu erkennen. Bei der DR ist dagegen zu berücksichtigen, dass diese gegenüber dem Index rechtsschief verteilte Renditen besitzt. Diesem Umstand wird durch Verwendung des Omega-Maßes an späterer Stelle in dieser Arbeit Rechnung getragen.

---

[16] Vgl. Anhang D
[17] Erläuterungen und graphische Darstellung hierzu befinden sich in Anhang E

Die Abbildung zeigt die Verteilung der beobachteten Renditen des Index sowie des Portfolios bei Verwendung des KGV zur Klassifizierung.

Abbildung 1: **Histogramme der Renditen von Value-Portfolio (KGV) und DAX bei 1 Jahr Haltedauer**

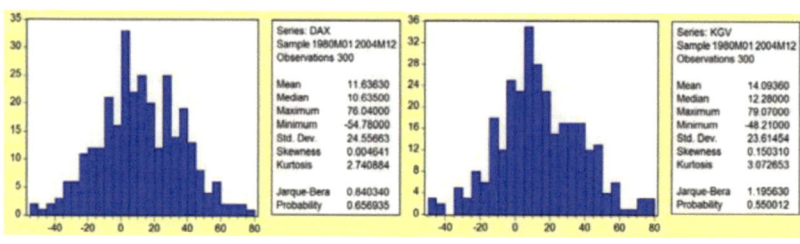

DAX   Portfolio

Da die Renditeverteilungen bei DAX und Portfolio relativ ähnlich sind, ist ein sinnvoller Vergleich von Erwartungswert und Varianz somit möglich.

Bei einer Haltedauer von einem bzw. drei Jahren ergeben sich für die Renditeverteilung bei Verwendung von KGV, DR sowie der Multivariaten Strategie die in Tabelle 2 zusammengefassten Erwartungswerte und Standardabweichungen.

Tabelle 2: **Erwartungswert und Standardabweichung der Renditen**

	1 Jahr					3 Jahre				
DAX	März	Juni	Sept.	Dez.	Ø	März	Juni	Sept.	Dez.	Ø
µ	11,67	11,18	11,23	11,39	11,37	9,55	9,73	9,91	10,22	9,85
σ	26,97	23,81	22,86	21,29	23,73	14,67	14,36	13,90	13,21	14,03
KGV										
µ	13,11	14,51	14,59	13,07	13,81	11,90	12,11	11,98	11,98	11,99
σ	26,56	23,82	23,04	22,75	24,04	13,74	11,02	11,31	11,45	11,88
DR										
µ	17,77	17,04	15,35	17,28	16,86	15,83	15,68	14,90	15,77	15,54
σ	32,90	20,37	19,67	22,32	23,81	13,01	12,68	11,40	11,54	12,16
Multivariat										
µ	13,88	15,91	14,19	16,42	15,10	12,99	13,82	13,88	14,17	13,71
σ	28,47	19,48	20,50	20,57	22,26	11,74	12,08	11,69	10,57	11,52

Bei den Value-Strategien mit einer Haltedauer von einem Jahr ergibt sich für jedes zugrunde gelegte Fundamental eine im Durchschnitt höhere erwartete Rendite im Vergleich zum DAX, beim KGV um 2,44 %, bei der DR um 5,49 % und bei der Multivariaten Strategie um 3,73 %. Bei Betrachtung der Renditen zusammen mit den verschiedenen Portfoliobildungszeitpunkten zeigt sich, dass die Value-Strategien unabhängig von diesen grundsätzlich eine bessere Performance erzielen.

Bezüglich der Standardabweichung ist eine solch allgemeine Aussage nicht möglich. Die Multivariate Strategie weist im Vergleich zur Indexstrategie eine im Durchschnitt etwas geringere Standardabweichung auf, während diese bei KGV und DR marginal höher ist. Allerdings lässt sich an dieser Stelle für unsere Daten kein offensichtlicher Zusammenhang zwischen Standardabweichung und Rendite in dem Sinne erkennen, dass eine höhere Rendite mit einem größeren Risiko einhergeht. Dies steht im Gegensatz zu einigen anderen Arbeiten zu diesem Thema, auf die wir in Abschnitt VII noch zu sprechen kommen.

Bei der Interpretation der 3-Jahres-Werte ist zu beachten, dass bei Verfolgung einer Indexstrategie die langfristige Performance für eine Haltedauer von einem Jahr und die für drei Jahre in etwa gleich hoch sein müsste, abgesehen von etwaigen Transaktionskosten (welche in unserer Untersuchung berücksichtigt werden) sowie der Unterschiede aufgrund der bei der 3-Jahres-Strategie automatisch enthaltenen Reinvestitionsannahme. Die relativ starke Abweichung in unserem Fall ist vor allem darauf zurück zu führen, dass die Portfolios mit drei Jahren Haltedauer für die Jahre 1980 bis 2002 gebildet wurden, damit die gesamte Haltedauer im Untersuchungszeitraum liegt. Auf diese Weise ist die Performance des DAX in den Jahren 1980, 1981,1982 sowie 2003, 2004 und 2005 mit einer unterproportionalen Gewichtung im Vergleich zu den übrigen Jahren in die Performance der gesamten Zeitreihe eingegangen. Da vor allem gegen Ende des Untersuchungszeitraums eine überdurchschnittliche Entwicklung des Marktes zu beobachten war, ist der in unserer Untersuchung bestimmte Erwartungswert der Renditen bei drei Jahren Haltedauer niedriger als der theoretische Wert. Ähnliches gilt im Grunde auch für die gebildeten Portfolios, hier jedoch nur mit Gültigkeit bezüglich des allgemeinen positiven Trends, da die zu einem bestimmten Zeitpunkt gehaltenen Werte bei der 1-Jahres-Strategie nicht zwangsläufig mit denen bei der 3-Jahres-Strategie übereinstimmen. Die Betrachtung von Abbildung 4 weiter unten (bzw. im Anhang F) lässt vermuten, dass die für den DAX beschriebenen Auswirkungen bei der Value-Strategie sogar noch stärker auftreten, da diese in den betroffenen Jahren nochmals besser war als die Indexstrategie. Geht man nun dennoch davon aus, dass die Wirkung auf beide Strategien in etwa gleich groß ist, so lässt sich wiederum eine bessere Performance der Value-Strategien feststellen. Bei allen Fundamentals ist für jeden Portfoliobildungszeitpunkt die Performance der Value-Strategie besser als die des Index, durchschnittlich beim KGV um 2,14 %, bei der Multivariaten Strategie um 3,86 % und bei der DR sogar um 5,69 %.

Des Weiteren ist die bei drei Jahren niedrigere Standardabweichung des Index weitestgehend auf Autokorrelation zurückzuführen. Diese alleine reicht hingegen bei der Value-Strategie nicht aus, um die niedrigere Standardabweichung vollständig zu erklären, da bei den Portfolios zweier aufeinander folgender Jahre häufig große Unterschiede hinsichtlich ihrer Zusammensetzung bestehen. Dies wird verdeutlicht durch die in Tabelle 3 für die Renditen der verschiedenen Strategien angegebenen Werte der Autokorrelation bezüglich der Vorperiode (Lag 1) sowie vor zwei Perioden (Lag 2).

Tabelle 3: *Autokorrelation der Zeitreihe der 3-Jahres-Renditen*

	Lag 1	Lag 2
DAX	0,65	0,27
KGV	0,54	0,34
DR	0,53	0,19
Multivariat	0,46	0,28

Bei zwei aufeinander folgenden DAX-Portfolios stimmen die Perioden, für welche die Performance betrachtet wird, zu zwei Dritteln überein. Die enthaltenen Werte sind in aller Regel identisch. Zwei DAX-Portfolios, welche mit einem Zeitabstand von zwei Jahren gebildet wurden, überschneiden sich hinsichtlich der Halteperiode um ein Jahr, also ein Drittel der gesamten Haltedauer. Insofern stimmen die Werte für Lag 1 und Lag 2 der DAX-Portfolios relativ gut mit dem überein, was man ohne deren genaue Kenntnis hätte vermuten können.

Zumindest bezüglich Lag 1 wird die Aussage bestätigt, dass die Autokorrelation bei den Value-Portfolios aus den oben genanntem Grund geringer als beim Index sein sollte. Im Hinblick auf Lag 2 ist hingegen kein systematischer Unterschied festzustellen.

Einerseits ist also bei der 3-Jahres Index-Strategie eine höhere Volatilität der Renditen zu beobachten. Andererseits ist die Verringerung der Volatilität gegenüber der bei einer 1-Jahres Strategie in größerem Ausmaß auf Autokorrelation zurückzuführen als dies bei den Value-Strategien der Fall ist. Als Resultat lässt sich somit sagen, dass bei einer 3-Jahres-Strategie die Volatilität der Renditen bei der Value-Strategie in der Tat niedriger ist als bei der Indexstrategie. Ein direkter Vergleich zwischen 1-Jahres- und 3-Jahres-Strategie ist dagegen aufgrund der Autokorrelationsproblematik nicht zulässig.[18]

Beim bisherigen Vorgehen stand vor allem die bei Anwendung einer Value-Strategie durchschnittlich über den gesamten Untersuchungszeitraum zu erzielende (Über-) Rendite im Mittelpunkt. Im Folgenden werfen wir einen Blick auf die Rendite der einzelnen Portfolios relativ zum Index. Abbildung 2 zeigt bei einer Haltedauer von einem Jahr die Performance der anhand der DR gebildeten Portfolios und des DAX im Untersuchungszeitraum sowie die Differenzen der Renditen von Portfolio und DAX.[19]

Abbildung 2: *Jährliche Performance des 1Y_DR-Portfolios und des Index*

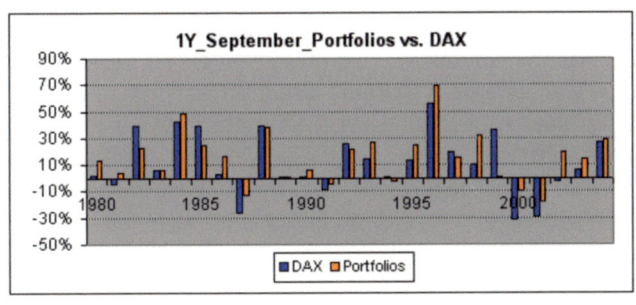

---

[18] Um einen Vergleich zwischen den verschiedenen Haltedauern dennoch zu ermöglichen, könnte man die Autokorrelation der Zeitreihe bei der Berechnung der Volatilität der 3-Jahres-Strategie berücksichtigen. Hierzu wären jedoch weitere Annahmen nötig, zum Beispiel über zu Grunde liegende stochastische Prozesse (z.B. ARCH, etc). Der Schwerpunkt dieser empirischen Arbeit liegt beim Vergleich der verschiedenen Strategien, sowohl untereinander, vor allem jedoch gegenüber einer Index-Strategie. Die Berücksichtigung zweier unterschiedlicher Haltedauern soll in erster Linie zu einem allgemeingültigeren Ergebnis führen, sodass wir eine Bereinigung um Autokorrelation nicht weiter verfolgt haben, da jene vorrangig für den hier kaum angestellten Vergleich zwischen Strategien mit unterschiedlicher Haltedauer relevant ist.

[19] Die entsprechenden Grafiken für alle untersuchten Fundamentals, Portfoliobildungszeitpunkte sowie für ein und drei Jahre Haltedauer sind in Anhang F zu finden.

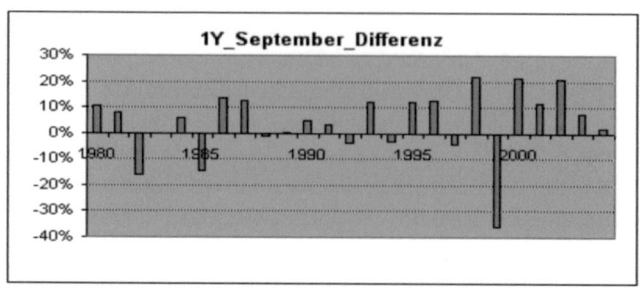

Man erkennt auf den Abbildungen zunächst, dass es in dem von uns betrachteten Zeitraum grob gesehen vier Perioden mit negativen Renditen gab: Zu Beginn der 1980er (Ölpreisschock), 1986/87 (Wirtschaftskrise), 1990 (Wiedervereinigung) und 2000 bis 2002 (Zusammenbruch der New Economy). Auffällig ist dabei, dass das hier betrachtete KGV-Portfolio in diesen Zeiträumen in der Regel besser (bzw. weniger schlecht) performte als der Index. Eine gegenüber dem Index niedrigere Rendite erzielte das Portfolio vor allem in den Perioden, in welchen der DAX überdurchschnittlich gut performte. Dies wird besonders deutlich in der Phase vor dem Zusammenbruch der New Economy. Der Grund liegt hier vor allem darin, dass die im Nachhinein definitiv als überbewertet zu bezeichnenden Werte zu dieser Zeit einerseits extreme Renditen erzielten und andererseits eine relativ hohe Gewichtung im DAX hatten, während sie im KGV-Portfolio nicht enthalten waren. Auf diese Weise ist auch das gute Ergebnis des KGV-Portfolios gegenüber dem Index nach dem Zusammenbruch zu erklären, welches von diesem Ereignis weniger stark betroffen war.

Um zu klären, ob der bereits angedeutete Zusammenhang generell gilt, dass das Value-Portfolio in guten Phasen eher etwas schlechter performt und in schlechten hingegen besser, haben wir wiederum eine OLS-Regression durchgeführt. Im Mittelpunkt hierbei stand zum einen die Frage, ob die bereits oben festgestellte höhere durchschnittliche Rendite der Value-Strategie signifikant ist, zum anderen, ob und in welcher Weise eine Beziehung zwischen der Rendite des Portfolios und des Index besteht.

Der Regression lag hierbei folgendes Modell zugrunde:

$$R_{Value,t} = \gamma_0 + \gamma_1 \cdot R_{DAX,t} + u_t$$

wobei R$_{Value,t}$ die Rendite des Portfolios, R$_{DAX,t}$ die des Indes und u$_t$ den Störterm bezeichnet.[20]

Tabelle 4: **Regressionskoeffizienten des Zusammenhangs Value vs. DAX**

Haltedauer 1Y	Betrachtungszeitpunkt			
Fundamental	März	Juni	September	Dezember
Kurs-Gewinn-Verhältnis	γ_0 = 3,29 (2,01*) γ_1 = 0,84 (4,57**)	γ_0 = 5,07 (3,32**) γ_1 = 0,84 (5,77**)	γ_0 = 5,03 (3,44**) γ_1 = 0,85 (5,23**)	γ_0 = 1,93 (1,49) γ_1 = 0,98 (0,09)
Dividendenrendite	γ_0 = 5,02 (2,74**) γ_1 = 1,09 (6,18**)	γ_0 = 8,73 (4,94**) γ_1 = 0,74 (7,45**)	γ_0 = 7,39 (5,92**) γ_1 = 0,71 (5,97**)	γ_0 = 6,52 (3,18**) γ_1 = 0,95 (9,33**)
Multivariate Strategie	γ_0 = 2,75 (1,62) γ_1 = 0,94 (6,13**)	γ_0 = 8,18 (5,75**) γ_1 = 0,69 (6,85**)	γ_0 = 5,83 (3,36**) γ_1 = 0,75 (6,49**)	γ_0 = 6,45 (3,50**) γ_1 = 0,87 (11,69**)
Haltedauer 3Y	Betrachtungszeitpunkt			
Fundamental	März	Juni	September	Dezember
Kurs-Gewinn-Verhältnis	γ_0 = 3,59 (2,66*) γ_1 = 0,87 (9,11**)	γ_0 = 5,69 (3,86**) γ_1 = 0,66 (9,23**)	γ_0 = 5,13 (3,05**) γ_1 = 0,69 (7,45**)	γ_0 = 4,41 (2,38*) γ_1 = 0,74 (6,24**)
Dividendenrendite	γ_0 = 7,76 (6,59**) γ_1 = 0,85 (10,74**)	γ_0 = 7,88 (4,84**) γ_1 = 0,80 (7,90**)	γ_0 = 7,47 (5,03**) γ_1 = 0,75 (9,19**)	γ_0 = 7,82 (5,17**) γ_1 = 0,78 (9,04**)
Multivariate Strategie	γ_0 = 6,03 (4,55**) γ_1 = 0,73 (9,61**)	γ_0 = 6,34 (5,16**) γ_1 = 0,77 (10,13**)	γ_0 = 6,34 (5,03**) γ_1 = 0,76 (10,13**)	γ_0 =7,21 (4,76**) γ_1 = 0,68 (7,39**)

In Klammern jeweils die zugehörigen t-Werte, wobei: * *signifikant auf 5%-Niveau;*   ** *signifikant auf 1%-Niveau*

Um die Ergebnisse der Regression zu interpretieren, sind in diesem Fall sowohl die Konstante, als auch der Steigungsparameter relevant. Die positive Konstante zusammen mit der Steigung, deren Wert bis auf eine Ausnahme kleiner 1 ist, bestätigen die zuvor geäußerte Vermutung. Bei niedriger (einschließlich negativer) Performance des Index ist die Value-Strategie überlegen. Je besser der Index performt, desto geringer wird dieser Unterschied, bis schließlich bei extrem guter Indexperformance

---

[20] Auszüge aus den in EViews durchgeführten Regressionen und Tests mit weiteren Details befinden sich in Anhang G.

dieser die Value-Strategie übertrifft. Bei den KGV-Portfolios würde nach dem Regressionsmodell bei den März-Portfolios und einer einjährigen Haltedauer der Index ab einer Rendite von etwa 24,5 % die Value-Strategie übertreffen. Insgesamt liegt diese Schwelle bei allen betrachteten Strategien und Haltedauern jenseits von 20 %, was im Einklang mit den empirischen Beobachtungen steht:

In allgemein schlechten Phasen ist die Value-Strategie dem Index überlegen, während in extrem guten Perioden diese Überlegenheit gering ist oder gar zur Unterlegenheit kippt.

Da die Performance des Index im Untersuchungszeitraum mit durchschnittlich etwa 11,3 % deutlich unter der angegebenen Schwelle liegt, lässt sich damit auch die insgesamt höhere Durchschnittsrendite der Value-Strategie erklären.

Zur Prüfung der Signifikanz der Koeffizienten haben wir wiederum einen Newey-West-Test durchgeführt, welcher zu den in Klammern angegebenen t-Statistiken führte. Insgesamt sind die von uns bestimmten Koeffizienten hoch signifikant (99%-Niveau), sofern man von einzelnen Ausnahmen absieht.

3. Trend

Die bisherigen Betrachtungen basieren auf den im gesamten Untersuchungszeitraum beobachteten Werten, ohne hierbei zu berücksichtigen, zu welchem Zeitpunkt eine konkrete Realisierung aufgetreten ist. Um nun einen womöglich existierenden Einfluss eines (linearen) zeitlichen Trends aufzudecken, haben wir eine Trendvariable in das Regressionsmodell eingeführt:
$$R_{Value} = \gamma_0 + \gamma_1 \cdot R_{DAX} + \gamma_2 \cdot T + u_t$$

mit T als dem Zeitindex (auf Jahresbasis) der Beobachtung und den übrigen Variablen wie bisher.

Tabelle 5: *Einfluss eines Zeittrends auf Jahresbasis*

Trendeinfluss	1 Jahr Haltedauer	3 Jahre Haltedauer
KGV-Strategie	-0,02 % (-0,41)	-0,17 % (-1,80)
DR-Strategie	0,36 % (2,16*)	0,12 % (1,44)
Multivariate Strategie	0,21 % (1,36)	-0,06 (-0,73)

Da die Trendvariable auf Jahresbasis eingeführt wurde, lassen sich die angegebenen Werte folgendermaßen interpretieren: Bei gleicher Performance des Index sinkt z.B. die zu erwartende Überrendite des KGV-Portfolios (1 Jahr Haltedauer) ausgehend vom Startzeitpunkt 1980 um 0,02 % pro Jahr.

Weder beim KGV noch bei der Multivariaten Strategie ist dieser Trend signifikant, sodass ein solcher lediglich bei der Dividendenrendite anzunehmen ist und hier in erster Linie nur bei einer Haltedauer von einem Jahr. Es ist jedoch wieder der bereits oben erwähnte Umstand zu beachten, dass bei der 3-Jahres-Strategie der Zusammenbruch der New Economy noch vollständig in der Zeitreihe enthalten ist, während dies für die anschließende Erholung des Marktes nicht gilt. Würde man dieselbe Betrachtung zu einem späteren Zeitpunkt wiederholen, sodass die 3-Jahres-Strategie nicht mit diesem außergewöhnlich negativen Ereignis endet, sondern auch die Entwicklung danach beinhaltet, dann läge der entsprechende Trend vermutlich im positiveren Bereich und wäre bei der Dividendenrendite wohl noch etwas signifikanter.

Basierend auf den bisherigen Ergebnissen ließe sich einem Investor, welcher sich für eine der untersuchten Strategien entscheiden möchte, die auf der Dividendenrendite basierende empfehlen. Bei in etwa vergleichbarer Standardabweichung aller Strategien hat diese zum einen den höchsten Erwartungswert der Renditen und zum anderen ist anhand des Trends davon auszugehen, dass dies auch in der (nahen) Zukunft so sein wird oder sich sogar noch verbessert.

Um diese „Empfehlung" gegenüber der Multivariaten Strategie rechtfertigen zu können, muss berücksichtigt werden, dass sich bei dieser Ermessenspielräume ergeben, wie sie bereits zu Beginn dieser Arbeit kurz angedeutet wurden, und auf welche zur Beurteilung der Multivariaten Strategie in diesem Zusammenhang noch kurz eingegangen werden soll. Lakonishok, Shleifer und Vishny (1994) teilen die untersuchten Aktien anhand der beiden betrachteten Fundamentals in je drei Gruppen auf, sodass neun mögliche Kombinationen untersucht werden können (z.B. Aktie gehört zur Gruppe mit der höchsten DR und zur Gruppe mit dem niedrigsten KGV). Als Value-Portfolio wird dann dasjenige gewählt, in welchem die Aktien mit gleichzeitig der höchsten DR und dem niedrigsten KGV enthalten sind. In der genannten Arbeit wird allerdings ein Markt bestehend aus weit über 2.000 Aktien untersucht, sodass jeder der gebildeten Kombinationen hinreichend viele Werte zugeordnet werden können.

Für die Untersuchung der 30 im DAX enthaltenen Werte haben wir daher die eingangs beschriebene Vorgehensweise gewählt, wobei die Platzierung anhand von DR und KGV gleich gewichtet wurde. Es stellt sich nun gerade in Anbetracht der bisherigen Ergebnisse zu Gunsten der DR-Strategie die Frage, ob die Begründung für dieses Vorgehen, nämlich keiner der beiden Strategien einen im Voraus definierten Vorzug zu geben, nicht aufgegeben werden und stattdessen eine andere Gewichtung der Platzierungen verwendet werden sollte. Um dieser Frage auf den Grund zu gehen, haben wir zunächst einen eher wissenschaftlichen Ansatz verfolgt, indem wir bei ausschließlicher Betrachtung des Zeitraums vor 1992 versucht haben, die Gewichtung so zu gestalten, dass die Performance der Multivariaten Strategie für diesen Zeitraum möglichst gut wird. Anschließend hätten wir dann die Auswirkung dieser Gewichtung auf die Performance im gesamten Untersuchungszeitraum betrachtet. Dabei haben wir, um die Performance zu beurteilen (analog zum Vorgehen an späterer Stelle in dieser Arbeit) die durchschnittlichen Renditen in den fünf besten und schlechtesten sowie in den dazwischen liegenden Perioden betrachtet.

Da wir mit der „wissenschaftlichen" Methode zu keiner Gewichtung gelangt sind, welche die Performance wirklich verbessert, haben wir noch versucht, unmittelbar für den Gesamtzeitraum verschiedene Gewichte einzuführen. Doch auch hier gelangten wir zu keinem Ergebnis, welches die Performance deutlich verbessert hätte. In den meisten Fällen hätte man marginale Perfomanceverbesserungen im Mittelfeld durch eine extreme Verschlechterung selbiger sowohl in den besseren, als auch in den schlechteren Perioden erkaufen müssen.

Bei keinem der Gewichtungsversuche lag jedoch die erwartete Rendite der Multivariaten Strategie über der bei Verwendung der Dividendenrendite. Daher bleibt auch trotz der Problematik, die „richtige" Gewichtung zu finden, die oben getroffene Aussage, dass die DR-Strategie den beiden anderen anhand der bisherigen Betrachtungen überlegen ist, weiterhin bestehen.

V. Einflussfaktoren und Interdependenzen

1. Einflussfaktoren

Eine entscheidende Frage, die bereits im letzten Abschnitt im Zusammenhang mit der Value-Strategie angesprochen wurde, ist die, ob die Strategie grundsätzlich eine bessere Performance erzielt als der Marktindex, oder ob beispielsweise ein Zusammenhang der Performance mit der jeweiligen Gesamtsituation am Aktienmarkt oder gar der konjunkturellen Lage festgestellt werden kann. Einen signifikanten Zusammenhang zwischen Marktphase und Value-Performance haben wir ja bereits in Abschnitt IV anhand unseres Regressionsmodells nachgewiesen. In diesem Abschnitt möchten wir nun zunächst die tatsächlichen Renditewerte, anhand derer ja das Regressionsmodell erstellt wurde, etwas genauer betrachten und die Ergebnisse des letzten Abschnitts etwas anschaulicher darstellen. Hierfür haben wir den betrachteten Zeitraum zunächst anhand der DAX-Performance in gute und schlechte Jahre eingeteilt. Der DAX spiegelt schließlich nicht nur die Lage am Aktienmarkt wider sondern in gewissem Maße auch die gesamtwirtschaftliche Situation in Deutschland.

Konkret haben wir die vier Portfoliobildungszeitpunkte getrennt betrachtet aufgrund des Einflusses von Autokorrelation, die bei der gemeinsamen Betrachtung aller Werte vorliegen würde, denn falls beispielsweise der Zeitraum von Juni 1980 bis Juni 1981 der profitabelste für den DAX ist, ist die Wahrscheinlichkeit sehr hoch, dass der Zeitraum von März 1980 bis März 1981 ebenfalls sehr weit oben steht, da die Laufzeiten sich zu 75% überschneiden. Bei der von uns gewählten getrennten Betrachtung der Portfoliobildungszeitpunkte haben wir sowohl bei der 1 Year als auch 3 Year Buy and Hold-Strategie in die jeweils fünf besten und fünf schlechtesten Jahre unterschieden sowie alle weiteren Jahre dazwischen. Eine weitere Aufteilung in Jahre mit positiver und Jahre mit negativer DAX-Rendite erschien uns aufgrund der eher geringen Anzahl an Werten wenig sinnvoll.

Im nächsten Schritt haben wir die jeweilige Value-Performance mit der entsprechenden DAX-Performance verglichen um zu testen, in wieweit das im letzten Abschnitt gefundene Muster sich im Einzelnen bestätigen lässt.

Die Ergebnisse sind hierbei für die jeweilige Überrendite von Value-DAX in der folgenden Tabelle zusammengefasst:

Tabelle 6: Performance in Abhängigkeit von der Situation am Aktienmarkt

Value-DAX (1Y B&H)	KGV			DR			Multivariat		
	B 5	M 15	W 5	B 5	M 15	W 5	B 5	M 15	W 5
März	-10,45%	3,14%	7,66%	10,95%	3,53%	6,29%	-4,22%	2,70%	6,27%
Juni	-2,51%	2,48%	10,71%	1,68%	2,70%	15,49%	-5,22%	3,50%	17,57%
September	6,55%	0,75%	8,91%	-2,76%	3,75%	11,50%	-1,09%	2,55%	7,73%
Dezember	5,85%	-0,13%	2,04%	7,81%	4,11%	8,73%	4,10%	3,90%	8,56%

Value-DAX (3Y B&H)	KGV			DR			Multivariat		
	B 5	M 13	W 5	B 5	M 13	W 5	B 5	M 13	W 5
März	1,65%	1,74%	3,26%	4,17%	5,60%	9,42%	-1,20%	3,01%	8,31%
Juni	-4,19%	2,71%	6,81%	2,98%	4,99%	10,53%	1,65%	3,05%	9,33%
September	-2,49%	1,96%	6,44%	2,11%	4,23%	9,57%	0,90%	3,55%	7,18%
Dezember	-1,30%	0,62%	6,33%	2,13%	5,19%	9,20%	-2,64%	4,45%	8,35%

B5 steht hierbei für die besten fünf Jahre, M 15 bzw. M 13 für die mittleren Jahre und W5 für die schlechtesten fünf Jahre.

Wie aus der Tabelle ersichtlich, steigt für die 3 Year Buy and Hold Strategie die Überrendite von den besten über die mittleren zu den schlechtesten Jahren in allen Fällen sukzessive an. Bei der 1 Year Buy and Hold Strategie ist dies immerhin in sieben von zwölf Fällen genauso, in drei weiteren Fällen stimmt der Trend, wenn man nur die extrem guten und schlechten Jahre betrachtet und lediglich in zwei Fällen liegt ein umgekehrter Trend vor.

Gemeinsam mit den Ergebnissen aus dem vorherigen Abschnitt lässt sich nochmals zusammenfassen: während die Value-Strategie in Bullenmärkten oftmals nicht mit dem Marktindex mithalten kann, schöpft sie ihr Potenzial umso mehr aus, je mehr sich der Markt einer Bärenphase nähert bzw. sich in einer befindet.

Im Anhang kann man anhand der getrennt angegebenen Value- und Indexrenditen für die besten, mittleren und schlechtesten Jahre auch nachprüfen, dass die Überrendite genau dann negativ wird, wenn beispielsweise beim KGV die DAX-Rendite über 24,5% liegt, wie dies in Abschnitt IV mit dem Regressionsmodell ermittelt wurde.

Der hier festgestellte Zusammenhang spricht auch eindeutig gegen die oft getroffene Aussage, die Value-Strategie sei riskanter als andere Anlagestrategien. Allerdings müssen in diesem Zusammenhang zwei Dinge beachtet werden. Zum einen sollte berücksichtigt werden, dass viele der bekannten Studien der letzten Jahre, in denen eine solche Aussage getroffen wurde, kurz vor der sehr turbulenten Zeit der New Economy erschienen sind und diese insbesondere für die Risikobetrachtung der Value-Strategie sehr interessante Phase daher in den Untersuchungen nicht miteinbezogen wurde.[21] Zum anderen ist dieser Zusammenhang noch kein Beweis, denn es spielen natürlich auch noch andere Momente einer Verteilung eine entscheidende Rolle für das Risiko als der Erwartungswert der Überrenditen. Mit diesem Thema beschäftigen wir uns näher in Abschnitt VI unserer Arbeit.

Eine weitere, sehr interessante Frage ist die, in wieweit es bestimmte Indikatoren gibt, die ex ante erkennen lassen, wann die Überrendite der Value-Strategie über den DAX positiv und wann sie negativ ist. Leider konnten wir, beispielsweise anhand einer Gegenüberstellung mit dem BIP, diesbezüglich keinen Zusammenhang feststellen. Die Schwierigkeit eines solchen Unterfangens bestätigt auch eine Studie von Oertmann (1999). Dieser verglich für verschiedene internationale Aktienmärkte die Value- mit der Growth-Strategie und versuchte dabei anhand acht verschiedener Indikatoren[22] eine lineare Regression durchzuführen, um damit die Überrendite von Value über Growth zu erklären. Für den deutschen Aktienmarkt ergab sich hierbei ein Erklärungsgehalt von lediglich knapp über sechs Prozent. Auch für den amerikanischen Markt, auf den ein Indikator wie der ‚US purchasing manager index' vielleicht besser anwendbar ist, ergab sich ein Erklärungsgehalt von lediglich 9,5%. Außerdem berücksichtigt diese Studie aufgrund ihres Erscheinungszeitpunkts im August 1999[23] die Schlussphase der New Economy nicht mehr. Da der Zusammenbruch dieser für die meisten Anleger wohl doch sehr überraschend und abrupt erfolgte, ist davon auszugehen, dass auch die verwendeten Indikatoren zur Prognose der Value-Überrendite kaum einen Hinweis auf die Entwicklungen der folgenden Monate lieferten. Jedenfalls ist in der Arbeit von Oertmann kein Hinweis darauf zu finden. Daher dürfte bei Berücksichtigung der Daten aus dieser Zeit der Erklärungsgehalt des Modells noch geringer ausfallen.

---

[21] mehr dazu unter anderem in Abschnitt VII
[22] Die acht verwendeten Indikatoren sind: US purchasing manager index, Global stock market volatility, Inverse relative global wealth, Global real interest rate, Moody's US credit spread, Treasury-Eurodollar spread, Global term spread, Global dividend yield
[23] Der Betrachtungszeitpunkt dieser Arbeit geht von Januar 1980 bis Juni 1999.

2. Interdependenzen zwischen den Strategien

Auch der Frage ob beispielsweise ein Zusammenhang zwischen der Value-Überrendite anhand des KGV in einem Jahr einen verlässlichen Hinweis auf die Value-Überrendite anhand der DR im darauf folgenden Jahr gibt, sind wir nachgegangen.

Um dies zu überprüfen haben wir bei der 1-Jahres-Strategie die Zeitreihen der Überrenditen für die entsprechenden Strategien jeweils um ein Jahr gegeneinander verschoben und dann die Korrelation berechnet. Beispielsweise haben wir also überprüft wie groß die Korrelation zwischen den 1-Jahres-März-Überrenditen beim KGV von 1980 bis 2003 und den 1-Jahres-März-Überrenditen bei der DR von 1981 bis 2004 ist, ob also anhand der KGV-Performance in einem Jahr eine verlässliche Aussage zur DR-Performance im darauf folgenden Jahr getroffen werden kann. Auf diese Weise sind wir für alle insgesamt 48[24] möglichen Fälle vorgegangen wobei wir bei der 3-Jahres-Strategie jeweils die Korrelation bei einem Vorlauf von drei Jahren untersucht haben. Den Grund für diese Vorgehensweise liegt darin, einen look-ahead bias zu vermeiden, da wir die effektive Jahresrendite bei der 3-Jahres-Strategie natürlich erst nach drei Jahren kennen und nicht bereits nach einem Jahr.

Das beste Ergebnis kam hierbei für den Fall heraus, dass das September Portfolio anhand der DR dem September Portfolio anhand der Multivariaten Strategie um drei Jahre voraus lief. Hier betrug der Korrelationskoeffizient -0,74, was also heißt, dass wenn z.B. das DR-Portfolio von 1985 bis 1988 eher schlecht performte, das Portfolio der Multi. Strategie von 1988 bis 1991 mit hoher Wahrscheinlich gut performte. Jedoch scheint dies eher ein Zufallstreffer zu sein, denn bei den Juni- und Dezember-Portfolios betrug der Koeffizient nur ca. -0,4, bei den März-Portfolios sogar nur -0,13. Bei allen anderen der 48 Fälle ist die Korrelation geringer, im Durchschnitt liegt sie bei der 1-Jahres-Strategie bei lediglich -0,14, bei der 3-Jahres-Strategie bei -0,4.[25] Des Weiteren muss an dieser Stelle noch Folgendes erwähnt werden: zwar ist ein Koeffizient von absolut 0,4 oder im Einzelfall sogar 0,7, auf den ersten Blick ein empirisch gesehen durchaus gutes Ergebnis[26], jedoch haben wir in einem zweiten Schritt als Ge-

---

[24] Siehe Anhang H
[25] Zu diesen Durchschnittswerten sind wir gekommen, indem wir zunächst alle möglichen Fälle einzeln untersucht haben. Alles bereits erwähnte bzw. das was in diesem Abschnitt noch folgt, gilt nicht nur für den Durchschnitt aller Fälle, sondern auch für die einzelnen Fälle wie auch aus Anhang H ersichtlich.
[26] Wobei auch ein empirisch gesehen gutes Ergebnis nicht zwangsläufig auch ein aus praktischer Sicht gutes Ergebnis sein muss.

genprobe ebenfalls noch die jeweilige Korrelation betrachtet, wenn man die Zeitreihen der gleichen Strategie je um ein bzw. drei Jahre gegeneinander verschiebt. In lediglich zwei der 48 Fälle kam hierbei eine deutliche Differenz heraus. Im Durchschnitt lag die Korrelation bei den gegeneinander verschobenen Zeitreihen der jeweils gleichen Strategie bei -0,15 bei der 1-Jahres-Strategie und bei -0,41 bei der 3-Jahres-Strategie. Letztlich bedeutet dies, dass man anhand der Performance einer Strategie in einer Periode eine genauso gute bzw. schlechte Prognose zur Performance der gleichen Strategie in der nächsten Periode abgeben kann, wie wenn man eine andere der drei Strategien als Indikator verwendet. Diese Aussage gilt mit Bezug zu Fußnote 25 nicht nur für die Durchschnittsbetrachtung aller Fälle sondern auch für die Einzelbetrachtung der Fälle.

VI. Risikobetrachtung

Ein weiterer Aspekt, der im Zusammenhang mit der guten Performance der Value-Strategie im Vergleich zum Marktindex zu untersuchen ist, betrifft das Risiko dieser Strategie. Im Rahmen unserer Arbeit beschäftigen wir uns mit zwei Risikomaßen, nämlich dem von Keating und Shadwick (2002) vorgestellten Omega, sowie dem von Leland (1999) entwickelten, modifizierten Beta.

1. Omega

Das Omegamaß ist ein risikoadjustiertes Performancemaß. Es besitzt einige wichtige Vorteile, sowohl im Vergleich mit anderen Risikomaßen, als auch für sich selbst betrachtet. Bekanntere Risikomaße, wie z.B. der Sharpe-Ratio[27] berücksichtigen meist lediglich den Erwartungswert sowie die Varianz einer Verteilung und demnach wird die Chance, extreme Gewinne zu erwirtschaften, als ebenso unattraktiv eingestuft wie die Chance, extreme Verluste hinnehmen zu müssen[28]. In ihrer Studie zeigen Keating und Shadwick (2002) an einigen Beispielen, wie schwierig es sein kann, eine eindeutige Entscheidung zwischen zwei unterschiedlichen Verteilungen zu treffen, wenn man nur den Erwartungswert sowie die Varianz betrachtet. Die beiden folgenden Grafiken[29] illustrieren dies an zwei einfachen Beispielen:

---

[27] Der Sharpe-Ratio errechnet sich aus dem Verhältnis von (Überschuss)Rendite Value-DAX und Standardabweichung.

[28] Die Chance für Gewinne ist z.B. anhand einer positiven Schiefe erkennbar, die Chance für Verluste anhand einer negativen Schiefe. Eine hohe Kurtosis verspricht eine höhere Chance sowohl für extreme Gewinne als auch extreme Verluste. Bei einer niedrigen Kurtosis ist die Chance größer eine Rendite im mittelbaren Bereich des Erwartungswerts zu erreichen und zwar sowohl links als auch rechts vom Erwartungswert.

[29] entnommen aus Keating/Shadwick (2002): A Universal Performance Measure

Abbildung 3: **Verteilungen mit je gleichem Erwartungswert und Standardabweichung**

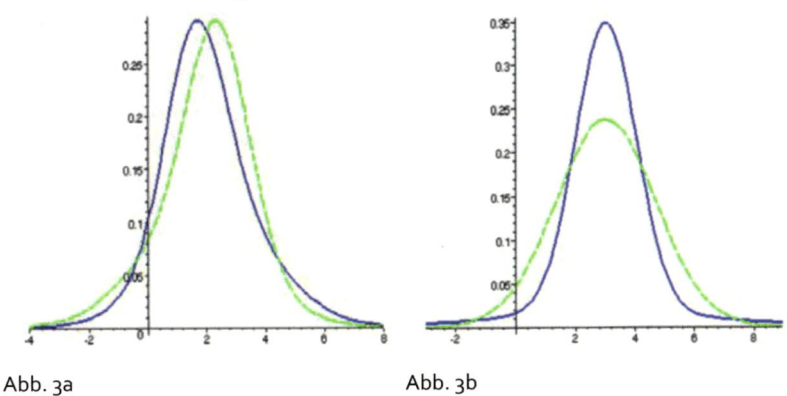

Abb. 3a   Abb. 3b

Die X-Achse zeigt dabei jeweils die Rendite, die Y-Achse die Wahrscheinlichkeit ihres Auftretens.

In jeder der zwei Grafiken besitzen beide Verteilungen je den gleichen Erwartungswert sowie die gleiche Varianz[30]. In beiden Fällen lässt sich nicht pauschal sagen, welche Verteilung die jeweils ‚Bessere' ist. Ein Urteil hängt in erster Linie von der individuellen Risikoneigung eines Investors ab: in Abbildung 3a hat die grüne Verteilung eine positive Schiefe und besitzt daher das Potential für extreme Gewinne, allerdings tritt eine im Vergleich zum Erwartungswert moderat höhere Rendite zwischen ca. vier und acht Prozent mit geringerer Wahrscheinlichkeit auf als bei der blauen Verteilung. In Abbildung 3b bietet die blaue Verteilung mit hoher Kurtosis eine höhere Chance sowohl für eine Rendite im unmittelbaren Bereich des Erwartungswerts sowie für extreme Ausschläge, inklusive negativer. Dafür ist die Chance geringer, eine Rendite zu erzielen, die in mittlerer Entfernung zum Erwartungswert liegt. Wie gesagt hängt es vom einzelnen Investor ab, welche Verteilung präferiert wird, jedoch ließe sich nur auf Basis des Erwartungswerts und der Varianz keine Unterscheidung treffen.

---

[30] In Abbildung 8a stimmt auch die Kurtosis beider Verteilungen überein.

Das Omegamaß gehört zu den sog. Lower Partial Moments- oder auch LPM-basierten Performancemaßen[31]. Es gibt an wie, hoch die Excesschancen pro Einheit Shortfallrisiko (=Downsiderisiko) sind und berücksichtigt dabei auch höhere Momente, wie z.B. Schiefe und Kurtosis der Verteilung.[32] Dies kann insbesondere deshalb entscheidend sein, als dass Renditen oftmals nicht normalverteilt sind. Bei unseren Daten sind zwar die Portfolio- bzw. Marktrenditen für sich betrachtet noch als annähernd normalverteilt zu erkennen, die für unsere Arbeit entscheidende Überrendite der Value-Portfolios gegenüber den entsprechenden DAX-Portfolios ist allerdings weit von einer Normalverteilung entfernt.

Ein weiterer Vorteil ist, dass das Omegamaß auf sehr unkomplizierte Weise auch die individuelle Vorstellung eines Anlegers, ab welcher Rendite eine Strategie als erfolgreich betrachtet wird, mitberücksichtigt, d.h. man ermittelt zur Berechnung des Omegamaßes den Überschuss der erzielten Rendite über eine individuell festlegbare Mindestrendite und nicht, wie beim Sharpe-Ratio, über den risikolosen Zinssatz. Diese Tatsache verleiht dem Omegamaß eine wesentlich größere Flexibilität in der Anwendung, als dies bei einer festen Benchmark der Fall wäre. Schließlich ist eine Strategie, auch wenn der Erwartungswert der Rendite positiv ist, aufgrund unterschiedlicher Risikoneigungen nicht zwangsläufig in den Augen aller Anleger attraktiv.

Im Hinblick auf die Berechnung kann man sagen, dass das Omegamaß das wahrscheinlichkeitsgewichtete Verhältnis von Gewinnen zu Verlusten bei einer bestimmten Mindestrendite widerspiegelt. Zur Berechnung sind grundsätzlich keinerlei parametrische Informationen zur Verteilung o.ä. nötig, sondern lediglich die erzielten Portfoliorenditen. Des Weiteren müssen die höheren Verteilungsmomente, obwohl sie berücksichtigt werden, nicht explizit berechnet oder geschätzt werden.

Im ersten Berechnungsschritt ermittelt man aus den erzielten Portfoliorenditen die kumulierte Verteilungsfunktion (KVF) und legt dann entsprechend der Risikoneigung eine Mindestrendite fest. In unserem Fall haben

---

[31] Kennzeichnend für die LPM-basierten Performancemaße ist, dass das Risiko nur über negative Abweichungen der erzielten Renditen von einer individuell festlegbaren Mindestrendite gemessen wird.

[32] Mathematisch gesehen stellt die Omegafunktion nicht nur eine Approximation der Renditeverteilung dar, sie ist vielmehr äquivalent zu ihr. Aus diesem Grund sind sämtliche verfügbaren Informationen aus der Renditeverteilung, inklusive höherer Momente, auch im Omegamaß enthalten.

wir diese zunächst auf 0% festgesetzt, da wir bereits die kumulierte Verteilungsfunktion für die Überrendite des Value-Portfolios über das DAX-Portfolio gebildet hatten. Weiter unten haben wir noch die Omegafunktion in Abhängigkeit variierender Mindestrenditen graphisch dargestellt.

Wie in Abbildung 4[33] ersichtlich lässt sich die KVF nun in zwei, zur Berechnung nötige Flächen einteilen, hier mit G für Gewinn und V für Verlust gekennzeichnet. Die Mindestrendite beträgt in diesem Beispiel 3%.

Abbildung 4: *Beispiel einer kumulierten Verteilungsfunktion*

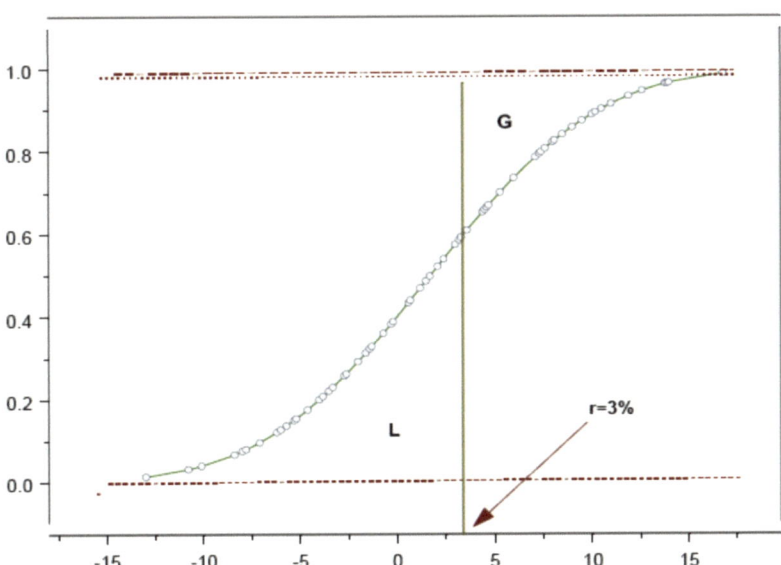

Die Abszisse zeigt hierbei die Rendite, die Ordinate die kumulierte Wahrscheinlichkeit.

Ist nun (a,b) das Intervall der erzielten Renditen und F(x) die KVF dieser Renditen, so ist die Omegafunktion folgendermaßen definiert:

$$\Omega(r) = \frac{\int_{r}^{b}(1-F(x))dx}{\int_{a}^{r}F(x)dx} = \frac{G}{L} \qquad \text{für jede beliebige Mindestrendite r}$$

---

[33] entnommen zur Veranschaulichung aus Winton Capital Management: Assessing CTA Quality with the Omega Performance Measure, September 2003

Zur Interpretation des Omegamaßes lässt sich nun Folgendes sagen. Grundsätzlich ist insbesondere ein $\Omega \succ 1$ als vorteilhaft anzusehen. Den Wert 1 nimmt es laut Keating und Shadwick (2002) genau dann an, wenn man die Mindestrendite mit dem Erwartungswert gleichsetzt. Je höher Omega, desto besser, da ein hohes Omega bedeutet, dass die erzielten Portfoliorenditen mit hoher Wahrscheinlichkeit über der Mindestrendite liegen. Gleichzeitig gilt, je höher man die Mindestrendite setzt, desto mehr nimmt Omega ab, da die Verlustfläche auf Kosten der Gewinnfläche wächst.

Im Folgenden diskutieren wir die Ergebnisse bezüglich des Omega für unsere Daten. Exemplarisch zeigen wir hier auch die relevanten Grafiken zum KGV über alle Werte. Alle übrigen Grafiken sind in Anhang J zusammengestellt.

Tabelle 7: *Omegawerte*

Omega	KGV		DR		Multivariat	
	1 Jahr	3 Jahre	1 Jahr	3 Jahre	1 Jahr	3 Jahre
Gesamt	**1,72**	**2,50**	**3,47**	**15,15**	**2,32**	**6,14**
März	1,30	3,44	3,87	42,73	1,61	5,07
Juni	1,98	2,41	3,70	19,34	2,88	7,86
September	2,06	2,45	2,29	9,09	1,91	6,59
Dezember	1,57	2,09	5,09	11,56	3,54	5,29

Abbildung 5: *Kumulierte Verteilungsfunktionen für ein und drei Jahre bei der DR*

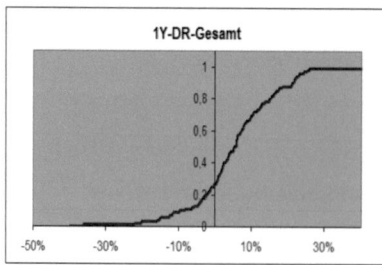
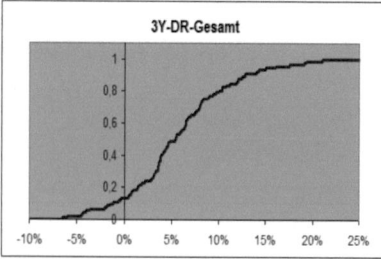

Wie man in Tabelle 6 sieht, sind die Omegas für alle drei Strategien bei beiden Zeithorizonten sowohl insgesamt, als auch für die einzelnen Portfoliobildungszeitpunkte größer als eins.[34] Demnach lässt sich auch nach Risikobereinigung in allen Fällen mit der Value-Strategie eine höhere Rendite erzielen als mit dem Marktindex. Wie wir auch schon an anderer Stelle festgestellt haben, lässt sich mit der Value-Strategie auf Basis der Dividendenrendite die höchste Überrendite erzielen.

Die Reihenfolge der Strategien ändert sich auch nach Risikobereinigung nicht, d.h. nach wie vor ist die Strategie auf Basis der DR die profitabelste, vor der Multivariaten Strategie und dann der Strategie auf Basis des KGV. Somit lässt sich die eigentlich erstrebte weitere Reduzierung des Risikos durch eine Multivariate Strategie in unserem Fall nicht erreichen.

Grafisch lässt sich, hier am Beispiel der Strategie auf Basis der DR über alle Werte, ebenfalls erkennen, wie die Gewinnfläche bei der 3 Y Buy and Hold-Strategie im Vergleich zur 1 Y Buy and Hold-Strategie auf Kosten der Verlustfläche wächst und somit das höhere Omega zustande kommt.

Außerdem haben wir noch die Omegafunktion in Abhängigkeit variierender Mindestrenditen berechnet. Aus der Steigung dieser Funktion lassen sich ebenfalls Aussagen zum Risiko treffen. Verläuft die Omegafunktion sehr steil, bedeutet das in den Bereichen einer geringen Mindestrendite zwar ein vergleichsweise geringes Risiko, jedoch erreicht man bei sukzessiver Erhöhung der Mindestrendite auch schnell den Bereich, ab dem Omega unter den Wert eins fällt. Eventuell erreicht man diesen Bereich dann sogar schon bevor die Mindestrendite positiv wird. Hingegen lässt eine eher flach verlaufende Omegafunktion darauf schließen, dass auch bei fortwährender Erhöhung der Mindestrendite Omega in eher geringerem Maße abnimmt und damit das Risiko nur langsam wächst.

---

[34] Wie bei den Signifikanztests haben wir auch hier wieder die Portfoliobildungszeitpunkte, aufgrund der bei Gesamtbetrachtung vorliegenden Autokorrelation der Renditewerte, getrennt betrachtet.

Exemplarisch haben wir hier die Omegafunktion für die 1- und 3-Jahres-Strategie über alle Werte abgebildet. Für die restlichen Fälle sind die Grafiken in Anhang K zusammengestellt.

<u>Abbildung 6</u>: *Omegafunktionen bei variierender Mindestrendite bei einem und drei Jahren bei der DR*

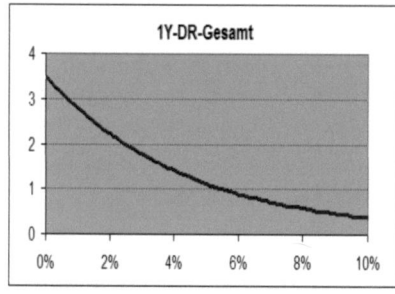 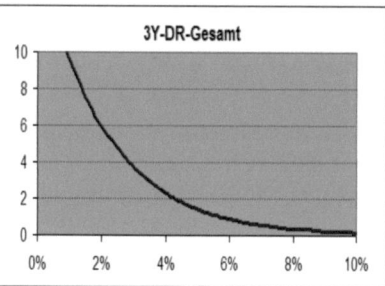

Auf der Abszisse kann hierbei die Mindestrendite, auf der Ordinate der zugehörige Omegawert abgelesen werden.

Wie man sieht ist das Omega für die 3-Jahres-Strategie im Bereich einer niedrigen, aber immerhin positiven Mindestrendite größer als bei der 1-Jahres-Strategie. Der Wert 1 wird in beiden Fällen ungefähr bei einer Mindestrendite von 5% erreicht. Danach fällt das Omega bei 3 Jahren jedoch schneller als bei einem Jahr.

Ergänzend möchten wir an dieser Stelle noch auf eine Studie von Kazemi, Schneeweis und Gupta (2003) hinweisen, in der es um das sog. ‚Sharpe-Omega' geht. Dieses ist zwar nicht identisch mit dem von uns verwendeten Omega, es wird aber auf ähnliche Weise berechnet, besitzt den gleichen Informationsgehalt und wird bei verschiedenen Investmentalternativen immer zur gleichen Reihung der Alternativen kommen wie das Omega. Daher geht es uns vor allem darum, zu erwähnen, dass das Omega eigentlich kein völlig neues Performancemaß ist, sondern beispielsweise gewisse Ähnlichkeit mit dem Sharpe-Ratio besitzt, wenngleich es natürlich, wie schon erwähnt, auch Unterschiede gibt. Das Omega verwendet Größen, die schon seit langem zur Rendite-Risiko-Messung verwendet werden und zwar auf eine intuitiv einleuchtende Art und Weise.

Berechnet wird das Sharpe-Omega, indem man das Uspide- durch das Downsiderisiko eines Wertes dividiert.[35]

2. Modifiziertes Beta

Im Rahmen des schon erwähnten Sharpe-Lintner CAPM wird das nicht durch Portfoliobildung diversifizierbare, also das systematische Risiko eines Wertes oder Portfolios durch das Beta gemessen. Die zentrale Aussage des Modells ist, dass die Rendite von Vermögenswerten linear abhängig vom Beta ist. Dieses ergibt sich aus dem Quotienten der Kovarianz zwischen Portfolio- und Marktrendite und der Varianz der Marktrendite. Mit Hilfe des Betas lässt sich in der CAPM-Welt dann die erwartete Portfoliorendite schätzen[36]. Ein $\beta \succ 1$ bedeutet, dass das betrachtete Portfolio ein höheres Risiko aufweist als das Marktportfolio, dafür aber auch die Chance für eine höhere Rendite als der Markt verspricht.

Jedoch ist in den vergangenen Jahren verstärkt Kritik an diesem Modell laut geworden. Dessen zentrale Annahme besagt nämlich, dass alle Renditen entweder normalverteilt sind oder Anleger bei ihrer Entscheidung lediglich Erwartungswert und Varianz berücksichtigen. Wie schon an anderer Stelle erwähnt sind Renditen oftmals nicht normalverteilt, wie dies auch bei unseren Daten für die Überrenditen deutlich wird[37]. Die zweite Annahme ist ebenso wenig realistisch, da sie besagt, dass Anleger Upside- und Downsiderisiken als gleichermaßen unattraktiv erachten. Leland (1999) weist beispielsweise darauf hin, dass die meisten Anleger Renditen mit positiver Schiefe präferieren.

Um diesen Tatsachen Rechnung zu tragen, haben wir uns entschieden, eine von Leland (1999) vorgestellte, erweiterte Version des Betas zu verwenden. Diese Version berücksichtigt wie das Omega auch höhere Momente einer Renditeverteilung. Allerdings müssen wir im Rahmen unserer Untersuchung auch kritisch auf die für dieses modifizierte Beta getroffenen Annahmen hinweisen. Die beiden zentralen Voraussetzungen in diesem Modell sind, dass die Renditen des Marktportfolios unabhängig und identisch verteilt sind, sowie dass ein effizienter Kapitalmarkt ohne

---

[35] Das Upsiderisiko spiegelt die Wahrscheinlichkeit wider, eine Rendite oberhalb der Mindestrendite zu erzielen, das Downsiderisiko die Wahrscheinlichkeit, eine Rendite unterhalb der Mindestrendite zu erreichen.

[36] Security Market Line: $E(R_p) = R_f + \beta * [E(R_{mkt}) - R_f]$ mit $E(R_p)$ als Erwartungswert der Portfoliorendite, $E(R_{mkt})$ als Erwartungswert der Marktrendite und R_f als risikolosem Zins

[37] Vgl. Anhang L

Transaktionskosten etc. vorliegt[38]. Zur ersten Annahme sagt Leland, dass diese den meisten ökonometrischen Studien zugrunde liegt. Für unsere Arbeit als problematisch erweist sich insbesondere die zweite Annahme, da die Value-Strategie ja gerade einen ineffizienten Kapitalmarkt voraussetzt. Andernfalls würden Aktienfehlbewertungen nicht auf längere Zeit bestehen bleiben. Da das Beta allerdings nach wie vor sehr verbreitet in der Literatur und Praxis ist, haben wir uns entschieden, es dennoch in unsere Arbeit aufzunehmen.

Die Berechnung erfolgt mit Hilfe folgender Gleichungen:

$$B_p = \frac{COV[R_p, -(1+R_{mkt})^{-b}]}{COV[R_{mkt}, -(1+R_{mkt})^{-b}]}$$ wobei B_p hier das modifizierte Beta darstellt

$$b = \frac{\ln[E(1+R_{mkt})] - \ln(1+R_f)}{VAR[\ln(1+R_{mkt})]}$$

- $b \prec 0$ stellt hierbei den Exponenten der Grenznutzenfunktion eines durchschnittlichen Investors dar. Da uns diese Funktion nicht zur Verfügung stand, haben wir bei der Berechnung von b auf eine Formel von Rubinstein (1976) sowie von Breeden und Litzenberger (1978) zurückgegriffen. Zur Berechnung wurde neben den uns schon bekannten Daten noch der risikolose Zinssatz benötigt. Hierbei haben wir auf eine Zeitreihendatenbank der Deutschen Bundesbank zurückgegriffen, deren Daten bis April 1981 zurückreichen. Demnach war bei unseren Berechnungen das erste berücksichtigte Portfolio das von Juni 1981. Konkret wurden in der Datenbank von April 1981 bis Dezember 1998 der FIBOR Monatsdurchschnitt für Zwölfmonatsgeld angegeben, ab Januar 1999 der EURIBOR Monatsdurchschnitt für Zwölfmonatsgeld.

Um dessen Aussagekraft speziell auf unsere Daten direkt zu überprüfen haben wir unser

modifiziertes Beta mit dem CAPM Beta verglichen, indem wir getestet haben wie nahe, die mit Hilfe der Security Market Line geschätzte Portfoliorendite an der tatsächlichen Portfoliorendite liegt. Die Abweichungen von der tatsächlichen Rendite waren hierbei nur in sieben von 24 Fällen[39] für das CAPM-Beta niedriger als für das modifizierte Beta und dreimal davon war der Unterschied nur marginal[40]. Die Varianzen der Abweichungen

---

[38] Diese Annahme wird auch im Sharpe-Lintner CAPM getroffen.
[39] 24 Fälle ergeben sich folgendermaßen: 4 (März, Juni, September, Dezember)*2 (1 Y B&H, 3 Y B&H)*3 (KGV, DR, Multivariat)
[40] weniger als 0,07%

waren lediglich in sechs von 24 Fällen für das CAPM-Beta niedriger[41]. Nur in einem einzigen Fall war der Erwartungswert der Abweichungen für das modifizierte Beta geringer als für das CAPM-Beta und gleichzeitig die Varianz der Abweichungen für das modifizierte Beta größer. Demnach können wir folgern, dass das modifizierte Beta in unserem Fall besser auf unsere Daten anwendbar ist wie das CAPM-Beta.

Da sämtliche unserer Betas positiv sind, also eine positive Korrelation zwischen Value- und Marktportfolios herrscht, beschränken wir uns bei der Interpretation der Betawerte auf den Fall, dass $\beta \succ 0$ ist. Allgemein bedeutet $\beta = 1$, dass das betrachtete Portfolio exakt wie das Marktportfolio reagiert, sowohl was die Richtung als auch das Ausmaß betrifft. Ist $\beta \succ 1$ reagiert das betrachtete Portfolio stärker als das Marktportfolio. Dies ist zwar wünschenswert für den Fall, dass die Rendite des Marktportfolios über dem risikolosen Zins liegt, allerdings

nicht für den umgekehrten Fall, wenn $R_f \succ R_{mkt}$ gilt. Ein $\beta \prec 1$ zeigt demnach, dass das betrachtete Portfolio weniger volatil ist, was insbesondere in schlechten Marktphasen ein Vorteil ist. In Folge dessen ist also unter dem Volatilitätsaspekt ein $\beta \prec 1$ erstrebenswert. Im Folgenden haben wir die Ergebnisse unserer Berechnungen für das modifizierte Beta für alle relevanten Fälle aufgelistet.

Tabelle 8: Werte für das modifizierte Beta

Beta	KGV		DR		Multivariat	
	1 Jahr	3 Jahre	1 Jahr	3 Jahre	1 Jahr	3 Jahre
März	0,8685	0,7598	1,0687	0,8113	0,9928	0,6523
Juni	0,8848	0,5585	0,7395	0,8017	0,7179	0,7463
September	0,8139	0,6029	0,7207	0,7279	0,7405	0,7505
Dezember	0,9590	0,5939	0,9237	0,7667	0,8378	0,6287

Wie zu sehen ist, liegt das modifizierte Beta nur in einem einzigen Fall über dem Wert 1 und dort auch nur marginal. In allen übrigen Fällen weist das Beta auf eine geringere Volatilität der Value-Portfolios im Vergleich zu den entsprechenden Markt-Portfolios hin. Auch dieses Ergebnis steht im Einklang mit unseren bisherigen Ergebnissen.

---

[41] Der maximale Unterschied in diesen Fällen beträgt 0,03%.

VII. Erklärungsansätze für den Erfolg der Value-Strategie

Nach wie vor kontrovers diskutiert wird in der Literatur darüber, was die Gründe für die überlegene Performance der Value-Strategie sind. Auch wenn sich ein Großteil der Literatur mit dem Vergleich zwischen Value- und Growth-Strategie und nicht wie diese Arbeit mit dem Vergleich zwischen Value- und Index-Strategie befasst, sind die drei wesentlichen Erklärungsansätze auch für diese Arbeit relevant.

1. Risikotheorie

Der erste Ansatz wird u.a. von Fama und French (1992, 1993, 1996, 1998) vertreten. Diese behaupten, dass der Kapitalmarkt gar nicht ineffizient ist und dass die bessere Performance der Value-Strategie durch ein höheres Risiko dieser Strategie praktisch erkauft wird.

Zur Untermauerung ihrer These verwenden Fama und French (1992) das sog. Three-Factor-Model,[42] da das Sharpe-Lintner CAPM den Kapitalmarkt ihrer Meinung nicht mehr korrekt abbildet.[43] Jedoch wurde das 3-Factor-Model nicht speziell mit Bezug zur Value-Strategie entwickelt, sondern mit dem Ziel, Portfoliorenditen allgemein möglichst realistisch abzubilden. Fama und French haben in ihrem Modell drei wesentliche Faktoren ermittelt, die die Portfoliorendite bestimmen. Der erste Teil des Modells stimmt mit dem traditionellen CAPM überein und berücksichtigt die Überrendite des Marktportfolios über den risikolosen Zins. Als weitere wesentliche Faktoren geben sie die Größe des Unternehmens, sowie das reziproke Kurs-Buchwert-Verhältnis an.

---

[42] $E(R_i) - R_f = b_i * [E(R_{mkt}) - R_f] + s_i * E(SMB) + h_i * E(HML)$ wobei b_i analog zum β zu sehen ist, s_i und h_i sind Koeffizienten zwischen 0 und 1, $E(SMB)$ repräsentiert die Überrendite von Small Cap Aktien über Large Cap Aktien (Small Minus Big) und $E(HML)$ zeigt die Überrendite von Value-Aktien, gemessen an High (Book-to-Market) Minus Low. Der SMB-Faktor drückt aus, dass die Differenz zwischen Portfoliorendite und risikolosem Zins um so größer ausfällt, je größer die Renditedifferenz zwischen kleinen und großen Unternehmen ist und impliziert somit, dass das Investieren in kleinere Unternehmen profitabler ist als das Kaufen von Aktien großer Unternehmen.

[43] So kommt in diesem Zusammenhang auch eine Studie von Chopra, Lakonishok und Ritter (1992) zu dem Ergebnis, dass die CAPM-Betas von Unternehmen die später sowohl zu den extremem Gewinnern als auch den extremen Verlieren zählen, sich kaum voneinander unterscheiden und daher das traditionelle CAPM so gut wie keine Aussagekraft in Bezug auf das Risiko erlaubt.

Um den Zusammenhang zur Risikotheorie der Value-Strategie herzustellen, ist insbesondere die Unternehmensgröße entscheidend. Auch wenn der sog. size-effect in unserer Arbeit keine Rolle spielt, da wir lediglich die 30 größten Unternehmen des DAX betrachten, möchten wir zur Erläuterung der Risikotheorie dennoch etwas detaillierter auf diesen Effekt eingehen. Aus diesem Grund möchten wir noch etwas detaillierter auf den sog. size-effect eingehen. Bartov und Kim (2004) zeigen, dass die Outperformance von Value- gegenüber Growth-Portfolios bei kleinen Unternehmen größer ist, als dies bei großen Unternehmen der Fall ist. Baumann, Conover und Miller (1998) zeigen, dass im Rahmen der Value-Strategie auch im direkten Vergleich kleine Unternehmen besser abschneiden als größere Firmen.[44] Diese Ergebnisse decken sich auch mit dem Three-Factor-Model.

Demnach bestehen die Value-Portfolios vieler Studien überwiegend aus Aktien kleinerer Unternehmen. Allerdings wird diesen aufgrund der, besonders in wirtschaftlich schwierigen Zeiten, geringeren Kreditwürdigkeit, ein höheres Risiko unterstellt. Dieser Zusammenhang stellt für Fama und French eine Begründung ihrer These dar. Mit Bezug zu den Ergebnissen unserer Arbeit können wir diese Behauptung weder bestätigen noch widerlegen. Grund hierfür ist die schon erwähnte Tatsache, dass wir uns lediglich auf die 30 größten, nach dieser Argumentation weniger riskanten, Unternehmen Deutschlands beschränkt haben. Daher wissen wir nicht, ob bei Einbezug weiterer, auch kleinerer Unternehmen, unsere Value-Portfolios eventuell bei bloßer Betrachtung der Renditen noch besser performt hätten, bei Einbezug des Risikos aber möglicherweise sogar schlechter.

Jedoch möchten wir in diesem Zusammenhang noch eine wissenschaftliche Arbeit von Hogan, Jarrow, Teo und Warachka (2004) erwähnen. Diese untersuchen in wieweit die Value-Strategie auf Basis verschiedener Fundamentals bei einer ex-post Betrachtung statistisch signifikante Arbitragemöglichkeiten geboten hätte. In fünf von zwölf Fällen stellen sie hierbei eine auf dem 5%-Niveau signifikante Möglichkeit zur Arbitrage fest, in einem weiteren Fall immerhin noch auf dem 10%-Niveau. Des Weiteren testen sie explizit auf einen size-effect unter Verwendung des von Fama und French (1992) benutzten SMB-Faktors. Hierbei finden sie allerdings keinerlei Hinweise auf einen size-effect. Im Gegenteil, bei Ausschluss der

---

[44] Als Gründe für den size-effect nennen Chan und Lakonishok (2002) die Tatsache, dass kleinere Unternehmen oft weniger beachtet werden als die Big Player, sowohl seitens der Medien als auch der Anleger. In Folge dessen sind die Kosten zur Aufdeckung von Arbitragemöglichkeiten bei kleinen Unternehmen höher und Fehlbewertungen können eher bestehen bleiben.

kleinsten Unternehmen des NYSE aus der Betrachtung ergibt sich sogar ein noch signifikanteres Ergebnis in Bezug auf Arbitragemöglichkeiten als bei Betrachtung aller Unternehmen. Letztlich kommen sie zu dem Ergebnis, dass der size-effect seit Anfang der 1980er nicht mehr existiert, zumindest auf dem amerikanischen Markt.

Nun möchten wir auch noch kurz auf eine weiter Studie eingehen, zu der wir mit den Ergebnissen unserer Arbeit eine Aussage treffen können. In einer Arbeit, die sich mit weiteren Aktienmärkten außer dem amerikanischen, u.a. auch dem deutschen, beschäftigt und die auch konkret den Vergleich zwischen der Value- und Growth-Strategie herstellt, verwenden Fama und French (1998) ein Two-Factor-Model zur Untermauerung ihrer Risikohypothese. Dieses Modell stimmt mit dem Three-Factor-Model überein, mit Ausnahme des SMB-Faktors, der hier gänzlich fehlt. Trotz der Nichtbeachtung der Unternehmensgröße kommen Fama und French hier zu dem Ergebnis, dass die Value-Strategie die risikoreichere ist. Dies wirft allerdings die Frage auf, in wieweit die Berücksichtigung der Unternehmensgröße im Three-Factor-Model wirklich relevant für die Risikotheorie im Allgemeinen ist. Als Fazit können wir jedoch sagen, dass solange man die Unternehmensgröße außen vor lässt, die Ergebnisse unserer Arbeit die Theorie eines höheren Risikos der Value-Strategie nicht stützen.

Ein Beispiel aus jüngerer Vergangenheit, welches die Risikotheorie ebenfalls fraglich erscheinen lässt, ist der Aufstieg und Fall der New Economy. Chan und Lakonishok (2002) erklären die außergewöhnlich gute Performance vieler Werte zu dieser Zeit primär mit völlig überzogenen Erwartungen bezüglich der Dauer und Höhe des künftigen Wachstums, die jeglicher Grundlage in Form von ‚realen' Leistungssteigerungen der Unternehmen entbehren. Auch wenn es bei dieser Studie in erster Linie wieder um den Vergleich zwischen Growth und Value anstatt Markt und Value geht, sind die zentralen Aussagen auch mit den Ergebnissen unserer Arbeit konsistent. Sowohl die Wachstumswerte, wie auch der Marktindex, übertrafen während der Boomphase die Valuewerte bei weitem. Nach dem Zusammenbruch der New Economy schlugen die Value-Portfolios jedoch wesentlich weniger stark nach unten aus und zwar sowohl im Vergleich mit dem jeweiligen Growth-Portfolio wie auch dem entsprechenden Marktportfolio. Demnach erwiesen sich die Wachstumswerte, wie auch der durch eine breite Streuung, eigentlich als relativ sicher erachtete Marktindex als wesentlich riskanter als die Valuewerte.

Ein weiteres Indiz, das gegen die Risikotheorie spricht liefern Lakonishok et. al (1994) sowie DeBondt und Thaler (1987) indem sie zeigen, dass die

Value-Betas in Aufwärtsmärkten höher sind als die Growth-Betas, während sie in Abwärtsmärkten niedriger sind.[45]

2. Behavioral Finance Ansatz

Die Grundlage für den zweiten Ansatz ist das noch vergleichsweise junge Forschungsgebiet der Behavioral Finance. Vertreten wird dieser Ansatz beispielsweise von Lakonishok, Shleifer und Vishny (1994). Insbesondere privaten, aber auch institutionellen Anlegern wird hier ein irrationales Verhalten unterstellt. Bei Privatanlegern äußert sich dieses vor allem in der Tendenz die aktuelle Situation eines Unternehmens, sowohl eine positive als auch eine negative, zu weit in die Zukunft zu extrapolieren. Hat ein Unternehmen in jüngster Vergangenheit Gewinnsteigerungen zu verzeichnen gehabt, erwarten viele Anleger, dass diese Entwicklung noch über einen sehr langen Zeitraum im gleichen Ausmaß anhält. Diese Annahme ist jedoch im Allgemeinen fehlerhaft, da Anlegern viele Informationen fehlen, wie z.B. in wieweit andere Unternehmen dasjenige, in das investiert wurde durch Innovationen unter Druck setzen können oder wie loyal die Kunden des Unternehmen heute und in Zukunft sind. Dennoch kommt es aufgrund der erwähnten Extrapolation der momentanen Situation zu einer verstärkten Nachfrage nach Gewinnern und demnach zu einem Kursanstieg der Gewinner. Da im allgemeinen jede positive wie auch negative Entwicklung ab einem bestimmten Zeitpunkt wieder schwächer wird, ist der Kursanstieg in der Regel größer als er unter einer vollkommen rationalen Beurteilung der Situation sein sollte, d.h. es kommt zur Überbewertung der Gewinner.

Analoges gilt für den Fall, dass ein Unternehmen in jüngster Vergangenheit Gewinneinbußen hinnehmen musste. Hier kommt es zu einem Kursabfall durch eine geringere Nachfrage nach den Verlierern. Auch der Kursabfall ist aber nach rationalen Gesichtspunkten zu groß und die Folge ist eine Unterbewertung der Verlierer. Sobald die negative Entwicklung eines Werts beendet ist, beginnt der Kurs dieser Aktie wieder zu steigen, wohingegen die bisherigen Gewinner ab einem bestimmten Zeitpunkt Kursverluste hinnehmen müssen. Dies ist genau das Szenario, das die gute Performance der Value-Strategie ausmacht.

Während der breiten Masse von Privatanlegern realistischerweise die Fähigkeit jederzeit rational zu agieren und dieses Schema zu durchschauen, abgesprochen werden kann, ist der Fall bei institutionellen Anlegern ein anderer.

---

[45] Allerdings stellen auch Lakonishok et. al die Gültigkeit des CAPM in Frage.

Hier kann man durchaus davon ausgehen, dass diese in der Lage sind, den oben erläuterten Zusammenhang zu erkennen. Als Grund warum diese Strategie auch bei institutionellen Anlegern eher geringe Beachtung findet werden vor allem Rechtfertigungsgründe gegenüber Klienten vorgebracht. Wachstumswerte kommen häufig aus aufregenden Industrien und lassen sich demnach besser ‚vermarkten'. Demnach sind solche Werte in den Augen privater Anleger häufig attraktiver. Um es mal überspitzt auszudrücken scheint es so zu sein, dass einige der Institutionellen offenbar lieber alle im gleichen Boot sitzen, auch wenn es dasjenige ist das untergeht, als einen anderen Weg zu gehen, der zwar generell erfolgreicher ist, bei dem man jedoch im Fall eines schlechten Abschneidens alleine untergeht.

Es sollte im Zusammenhang mit dieser Theorie jedoch auch bedacht werden, dass gerade die vergleichsweise geringe Beachtung dieser Strategie seitens privater und institutioneller Anleger mit der Schlüssel zu ihrem Erfolg sein könnte. Würden sehr viele Anleger auf diese Strategie setzen, würde zwangsläufig der Kurs dieser Werte auch kurzfristig rapide ansteigen.

Unter diesen Voraussetzungen wäre die Value-Strategie wohl nicht mehr für langfristige Anleger geeignet, sondern eher für Spekulanten, denn dass auf starke Kursanstiege durchaus ebenso so starke Kurseinbrüche folgen können, zeigt das schon erwähnte Beispiel der New Economy sehr deutlich, auch wenn es sich hierbei nicht um Value- sondern eher Growth-Aktien handelte. Allerdings ist es wohl wahrscheinlich, dass bei verstärkter Nachfrage nach Value-Aktien aus diesen sehr schnell Growth-Aktien würden.

Neben dem irrationalen Verhalten vieler Anleger, nennen Lakonishok et al. (1994) Arbitragelimits durch zu kurze Zeithorizonte vieler Anleger als weiteren Grund, der eine breite Anwendung dieser Strategie und damit eine Nivellierung sämtlicher Fundamentals verhindert. Institutionelle Anleger stehen häufig unter großem Druck möglichst schnell, möglichst beeindruckende Ergebnisse zu erzielen und wären daher aufgrund ihrer Langfristigkeit häufig schon arbeitslos bevor die Value-Strategie auf konstanter Basis die angestrebten Ergebnisse erzielt. Stock (1999) nennt als weitere mögliche Ursachen für eine nicht eintretende Angleichung der KGV's verschiedener Unternehmen unter anderem noch Unterschiede in den Risikoprämien oder auch des Gewinnwachstums.[46]

---

[46] Stock untermauert seine Aussage mit einer (zur Interpretation des KGV) modifizierten Version des auf Williams (1938) zurückgehenden Dividendenbarwertmodells. Danach gilt für das reziproke Kurs-Gewinn-Verhältnis: $G(+1)/K = (r-g)/\phi$,

Im Endeffekt ist also die Grundlage dieser Theorie als Erklärung für die gute Performance der Value-Strategie im irrationalen Verhalten privater Anleger und den sich daraus ergebenden Rahmenbedingungen bzw. Einschränkungen der Handlungsweise für die institutionellen Anleger zu sehen. Dies bedeutet, solange man davon ausgehen kann, dass Privatanleger sich weiterhin im hier angesprochenen Sinne irrational verhalten, werden sowohl diese als auch zwangsläufig die breite Masse der institutionellen Anleger zum guten Abschneiden der Value-Strategie durch ihr Verhalten beitragen. Die Geschehnisse am Aktienmarkt aus jüngerer Vergangenheit, d.h. um die Jahrtausendwende, scheinen zumindest zu bestätigen, dass die breite Masse der Anleger sich nach wie vor oftmals irrational verhält. Letztlich können wir festhalten, dass wir keine Anhaltspunkte gefunden haben, die diese Theorie für den von uns betrachteten Zeitraum widerlegen. Jedoch konnten wir diesen Zusammenhang weder beweisen, noch vermögen wir eine Prognose darüber abzugeben, ob sich das Anlegerverhalten in naher Zukunft radikal ändern wird. Der Grund dafür ist der, dass unsere Arbeit eine empirische Untersuchung objektiv feststellbarer Fakten und Daten ist und keine verhaltenstheoretische Studie. Daher wurden entsprechende Ansätze nicht bei unserer Untersuchung miteinbezogen. Bezieht man sich aber beispielsweise auf Studien aus dem Gebiet der Psychologie,[47] die den Menschen grundsätzlich als irrationales Wesen sehen und unterstellt man die Gültigkeit dieser Hypothese, so ist davon auszugehen, dass die Value-Strategie auch in Zukunft ihre Überlegenheit gegenüber anderen Anlagestrategien nicht einbüßen wird.

3. Fehler beim methodischen Vorgehen als Ursache

Der dritte Erklärungsansatz wird unter anderem von Kothari, Shanken und Sloan (1995) vertreten und besagt, dass in vielen Studien begangene Fehler beim methodischen Vorgehen verantwortlich dafür sind, dass die Value-Strategie als so vorteilhaft erscheint. Insbesondere wird hierbei immer wieder auf den look-ahead bias und den survivorship bias, die bereits im Methodikabschnitt erwähnt wurden, eingegangen. Im Gegenzug behaupten Chan, Jegadeesh und Lakonishok (1995) jedoch, dass keiner

---

wobei G(+1) den Gewinn der nächsten Periode, K den momentanen Aktienkurs, r die geforderte Aktienrendite, g die erwartete Wachstumsrate des Gewinns und ϕ den Anteil der Dividende am Gewinn (D/G), also das ‚payout-ratio', bezeichnen.

[47] So behauptet McKenzie (2003) beispielsweise, dass Individuen ihr irrationales Verhalten deshalb nicht ändern, da ihr Verhalten aus ihrer subjektiven Sicht oft gar nicht als irrational erachtet wird.

dieser Verfahrensfehler im ausreichenden Maß den Erfolg der Value-Strategie erklären kann.

Da unsere Untersuchungsergebnisse die Argumentation, Value-Aktien seien riskanter, nicht stützen bzw. wir zu einem eventuellen Einfluss des size-effects keine eigene Aussage treffen können und wir nach bestem Gewissen die angesprochenen Verfahrensfehler vermieden haben, spricht unserer Meinung nach vieles für den Behavioral Finance Ansatz. Ausschlaggebend für diese Einschätzung sind, wie schon unter Punkt 2 erwähnt, allerdings kein Beweis der Gültigkeit dieser Theorie unsererseits, sondern im Wesentlichen die zwei folgenden Punkte: einerseits kommen wir durch andere Studien zu diesem Thema zu unserer Schlussfolgerung, wobei wir gleichzeitig keine Studien finden konnten, die den Behavioral Finance Ansatz überzeugend widerlegen. Andererseits kommen wir, mit Bezug unseren Daten, hauptsächlich durch das Ausschlussverfahren, d.h. dem Widerlegen der Risiko- sowie Methodikfehlertheorie, zu unserer Einschätzung.

VIII. Fazit

Im Verlauf dieser Arbeit haben wir zunächst bewiesen, dass tatsächlich ein signifikanter Zusammenhang zwischen den Fundamentals und der Überrendite der Value-Strategie besteht und demnach die von uns angewandte quantitative Strategie zur Überprüfung unserer Hypothese geeignet ist. Kritikpunkte an vergangenen Studien, z.B. bezüglich des methodischen Vorgehens, haben wir bei unseren Untersuchungen bestmöglich vermieden bzw. weisen ausdrücklich darauf hin, wenn dies nicht gemacht wurde, wie z.b. bei der Autokorrelation bei der 3-Jahres-Strategie.

Wir konnten zeigen, dass für alle drei Strategien, bei beiden Haltedauern, die Value-Strategie dem DAX signifikant überlegen ist, wobei die Value-Strategie insbesondere in schlechten Marktphasen ihr Potenzial gegenüber dem DAX unter Beweis stellt. Berücksichtigt man das Risiko in unserer Untersuchung, so bleibt die Outperformance der Value-Strategie für beide Haltedauern bestehen. Ein Vergleich zwischen den beiden Haltedauern ist aufgrund der erwähnten Autokorrelation bei der 3-Jahres-Strategie nicht sinnvoll.

Weiterhin kamen wir zu dem Ergebnis, dass nicht die Multivariate Strategie die Beste von den dreien ist, sondern die Strategie auf Basis der Dividendenrendite mit einer durchschnittlichen Überrendite im Vergleich zum DAX von 5,49% bei einem Jahr und 5,69% bei drei Jahren. Die Überrendite der Multivariaten Strategie beträgt zum Vergleich 3,73% bzw. 3,86%, bei der Strategie auf Basis des Kurs-Gewinn-Verhältnisses sind es 2,44% bzw. 2,14%.

Letztendlich können wir also festhalten, dass wir unsere zu überprüfende Hypothese „bei geringerem Risiko mit der Value-Strategie eine bessere Performance als mit dem Marktindex zu erzielen" bestätigen können und daher eine Strategie auf Basis der Dividendenrendite empfehlen.

Unserer Ansicht nach besteht insbesondere in drei Bereichen sicherlich noch das Potenzial für tiefer gehende Untersuchungen, die jedoch den Rahmen dieser Arbeit gesprengt hätten. Zum einen wäre es wünschenswert, die dreijährigen Zeitreihen um die Autokorrelation zu bereinigen, wie wir dies ansatzweise beschrieben haben. Auf diese Weise wäre auch ein sinnvoller Vergleich zwischen den Haltedauern möglich. Der zweite Bereich betrifft die Aufgabe, einen sinnvollen Indikator bzw. ein sinnvolles Modell zu finden, welche die Performance der Value-Strategie halbwegs verlässlich prognostizieren kann, vorausgesetzt man unterstellt, dass dies grundsätzlich möglich ist. Der dritte Bereich baut auf der Tatsache auf, dass die Value-Strategie insbesondere in schlechten bis leicht positiven

Marktphasen deutlich dem Index überlegen ist, während es in sehr guten Marktphasen oft umgekehrt ist. Daher könnte man beispielsweise anhand der betrachteten Daten eine Schranke bestimmen, bei deren Unterschreiten man gemäß der Value-Strategie handelt und bei deren Überschreiten man in den Marktindex investiert. Natürlich müsste man die Vorteilhaftigkeit einer solchen Strategie unter Berücksichtigung verschiedener Aspekte überprüfen, wie beispielsweise Transaktionskosten oder auch anhand der Verlässlichkeit der Schranke.

Literatur

Albrecht, Peter und Timo Klett (2004): Referenzpunktbezogene risikoadjustierte Performancemaße: Theoretische Grundlagen; Sonderforschungsbereich 504, Universität Mannheim, April 2004

Asness, Clifford S. (1997): The Interaction of Value and Momentum Strategies; Financial Analysts Journal, März/April 1997, S. 29-36

Bartov, Eli und Myungsun Kim (2004): Risk, Mispricing, and Value Investing; Review of Quantitative Finance and Accounting, Vol. 23, S. 353-376

Baumann, W. Scott, C. Mitchell Conover und Robert E. Miller (1998): Growth versus Value and Large-Cap versus Small-Cap Stocks in International Markets; Financial Analysts Journal, März/April 1998, S. 75-89

Basu S. (1977): Investment performance of common stocks in relation to their price earnings ratios: A test of the efficient market hypothesis; Journal of Finance, Vol. 32, S. 663-682

Breeden, D. und R. Litzenberger (1978): Prices of State-Contingent Claims Implicit in Option Prices; Journal of Business, Vol. 51, No. 4, S. 621-652

Capaul, Carlo, Ian Rowley und William F. Sharpe (1993): International Value and Growth Stock Returns; Financial Analysts Journal, Januar/Februar 1993, S. 27-36

Chan, Louis K. C., Narasimhan Jegadeesh und Josef Lakonishok (1995): Evaluating the performance of value versus glamour stocks: The impact of selection bias; Journal of Financial Economics, Vol. 38, S. 269-296

Chan, Louis K. C., Yasushi Hamao und Josef Lakonishok (1991): Fundamentals and Stock Returns in Japan; Journal of Finance, Vol. XLVI, No. 5, S. 1739-1764

Chan, Louis K.C. and Josef Lakonishok (2002): Value and Growth Investing: A Review and Update; Department of Finance, College of Commerce and Business Administration, University of Illinois at Urbana-Champaign

Chopra, Navin, Josef Lakonishok und Jay R. Ritter (1992): Measuring abnormal performance: Do stocks overreact? Journal of Financial Economics, Vol. 31, S. 235-268

Cunningham, Lawrence A. (2005): Value Investing-simplified: Investieren wie Buffett und Co.; München

DeBondt W.F.M. und R.H. Thaler (1987): Further evidence on investor overreaction and stock market seasonality; Journal of Finance, Vol. 42, No. 3, S. 557-581

Elling, Martin und Frank Schuhmacher (2005): Hat die Wahl des Performancemaßes einen Einfluss auf die Beurteilung von Hedgefonds-Indizes? Kredit und Kapital

Fama, Eugene F. und Kenneth R. French (1992): The Cross-Section of Expected Stock Returns; Journal of Finance, Vol. XLVII, No. 2, S. 423-465

Fama, Eugene F. und Kenneth R. French (1993): Common Risk Factors in the Returns on Stocks and Bonds; Journal of Financial Economics, Vol. 33, No. 1, S. 3-56

Fama, Eugene F. und Kenneth R. French (1996): Multifactor Explanations of Asset Pricing Anomalies; Journal of Finance, Vol. LI, No. 1, S. 55-83

Fama, Eugene F. und Kenneth R. French (1996): The CAPM is Wanted, Dead or Alive; Journal of Finance, Vol. LI, No. 5, S. 1947-1958

Fama, Eugene F. und Kenneth R. French (1998): Value versus Growth: The International Evidence; Journal of Finance Vol. LIII, No. 6, S. 1975-1999

Fama, Eugene, Kenneth R. French, David G. Booth und Rex Sinquefield (1993): Differences in the Risks and Returns of NYSE and NASD Stocks; Financial Analysts Journal, Januar/Februar 1993, S. 37-41

Gelfarth, Volker (2005): Die besten Anlagestrategien der Welt; München

Greene, William H. (2003): Econometric Analysis; 5. Auflage, New Jersey

Hogan, Steve, Robert Jarrow, Melvyn Teo und Mitch Warachka (2004): Testing market efficiency using statistical arbitrage with applications to momentum and value strategies; Journal of Financial Economics, Vol. 73, S. 525-565

Kazemi, Hossein, Thomas Schneeweis und Raj Gupta (2003): Omega as a Performance Measure; University of Massachusetts, Amherst

Keating, Con und William F. Shadwick (2002): A Universal Performance Measure; The Finance Development Centre London, Mai 2002

Kothari S. P., J. Shanken und R. Sloan (1995): Another look at the cross-section of expected returns; Journal of Finance, Vol. 50, S. 185-224

Lakonishok, Josef, Andrei Shleifer und Robert W. Vishny (1994): Contrarian Investment, Extrapolation, and Risk; Journal of Finance, Vol. 49, No. 5, S. 1541-1578

Lang, Uwe (2005): Die besten Aktienstrategien; München

Leland, Hayne E. (1999): Beyond Mean-Variance: Performance Measurement in a Nonsymmetrical World; Financial Analysts Journal, Januar/Februar 1999, S. 27-37

Loughran, Tim und Jay R. Ritter (1996): Long-Term Market Overreaction: The Effect of Low-Priced Stocks; Journal of Finance, Vol. LI, No. 5, S. 1959-1969

McKenzie, Craig R.M. (2003): Rational models as theories – not standards – of behavior; Trends in Cognitive Science, Vol. 7, No. 9, S. 403-406

Oertmann, Peter (1999): Why do value stocks earn higher returns than growth stocks, and vice versa? Investment Consulting Group, Inc., Universität St.Gallen

Petkova, Ralitsa und Lu Zhang (2005): Is Value riskier than Growth? Journal of Financial Economics, Vol. 78, S. 187-202

Rubinstein M. (1976): The Valuation of Uncertain Income Streams and the Pricing of Options; Journal of Economics, Vol. 7, No. 2, S. 407-425

Steiner, Manfred und Christoph Bruns (2002): Wertpapiermanagement: Professionelle Wertpapieranalyse und Portfoliostrukturierung; Stuttgart, 8.Auflage

Stock, Detlev (2001): Zur Tauglichkeit des Kurs-Gewinn-Verhältnisses für die Prognose von Aktienkursveränderungen – eine Replik; Zeitschrift für Betriebswirtschaft, 71. Jg., Heft 3, S. 321-344

Winton Capital Management (2003): Assessing CTA Quality with the Omega Performance Measure; Winton Capital Management, September 2003

Anhang

Anhang A)

Zusammenhang zwischen Überrendite der Portfolios und Ausprägung der Fundamentals.

Ergebnisse der Regression und Newey-West-Teststatistiken auf Basis von Quartalswerten bei Zugrundelegung des Regressionsmodells

$$R_{i,t} - R_{DAX,t} = \gamma_0 + \gamma_1 \cdot F_{i,t} + u_{i,t}$$

KGV

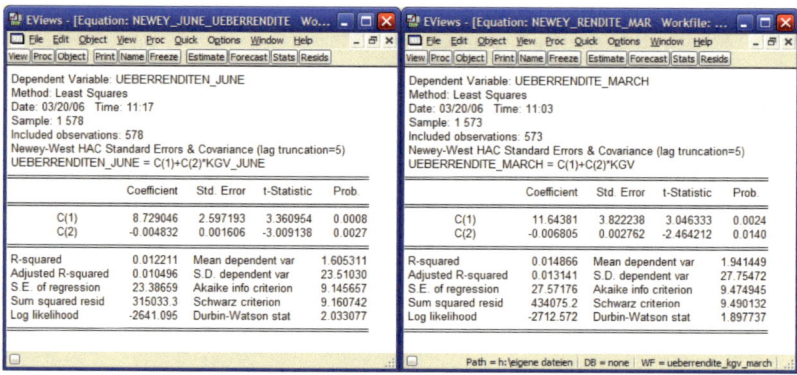

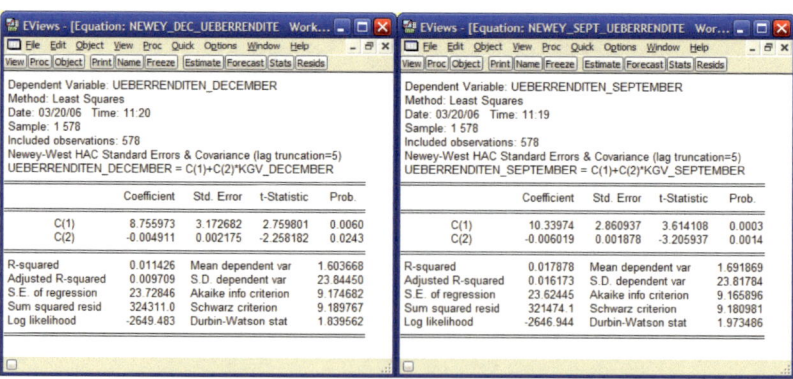

DR

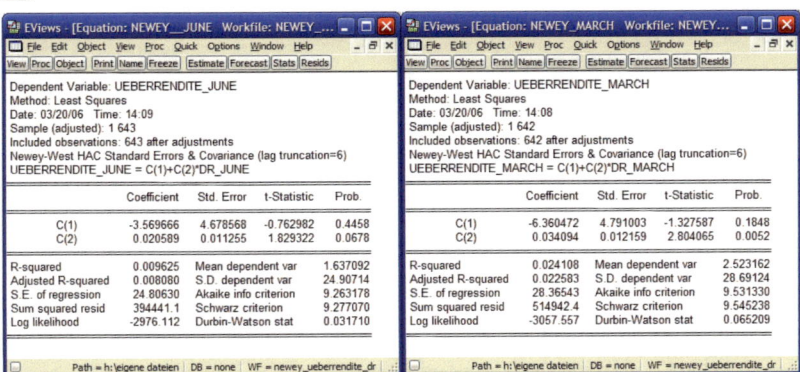

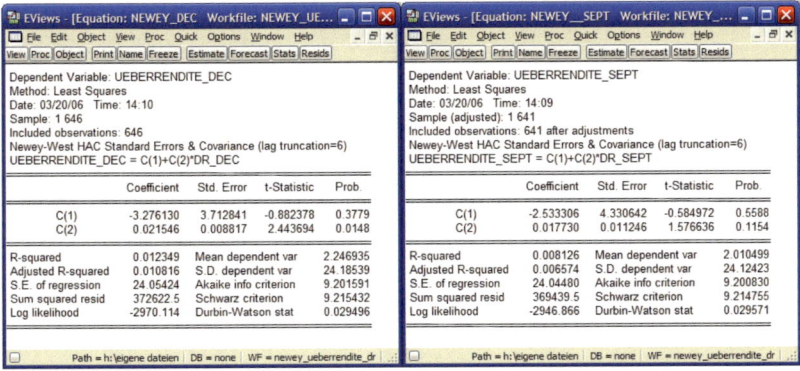

Multivariate Strategie

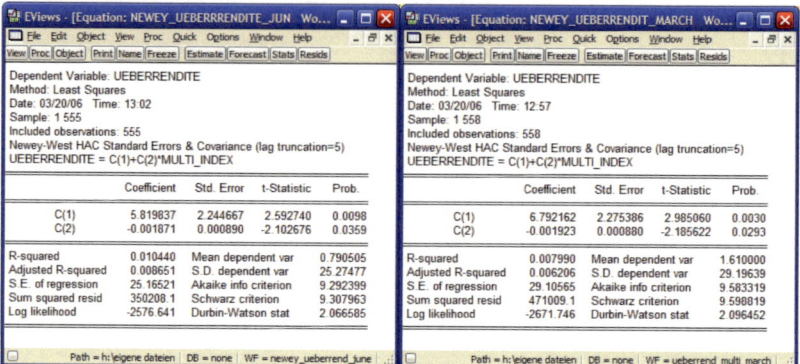

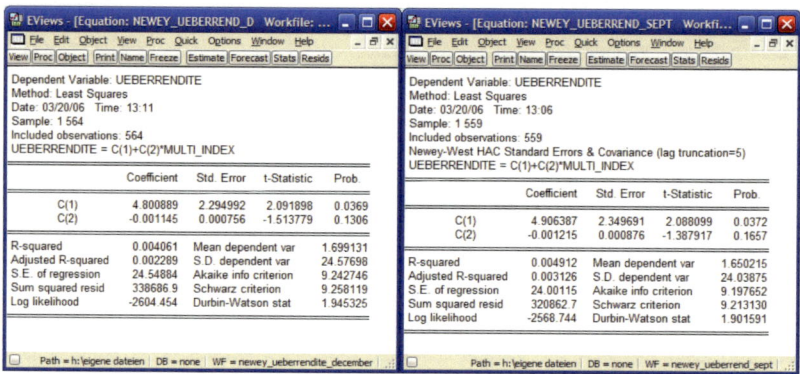

Anhang B)

Auszug aus EViews zur Vorgehensweise bei der Berechnung der für unsere Tests verwendeten Schätzer der Varianz-Kovarianz-Matrix

Heteroskedasticity and Autocorrelation Consistent Covariances

HAC Consistent Covariances (Newey-West)

The White covariance matrix described above assumes that the residuals of the estimated equation are serially uncorrelated. Newey and West (1987) have proposed a more general covariance estimator that is consistent in the presence of both heteroskedasticity and autocorrelation of unknown form. The Newey-West estimator is given by,

$$(16.14) \quad \hat{\Sigma}_{NW} = \frac{T}{T-k}(X'X)^{-1}\hat{\Omega}(X'X)^{-1}$$

where:

$$(16.15) \quad \hat{\Omega} = \frac{T}{T-k}\left\{ \sum_{t=1}^{T} u_t^2 x_t x_t' + \sum_{v=1}^{q}\left(\left(1 - \frac{v}{q+1}\right) \sum_{t=v+1}^{T} (x_t u_t u_{t-v} x_{t-v}' + x_{t-v} u_{t-v} u_t x_t')\right)\right\}$$

and q, the truncation lag, is a parameter representing the number of autocorrelations used in evaluating the dynamics of the OLS residuals u_t. Following the suggestion of Newey and West, EViews sets q using the formula:

$$(16.16) \quad q = \text{floor}(4(T/100)^{2/9})$$

To use the Newey-West method, select the **Options** tab in the **Equation Estimation**. Check the box labeled **Heteroskedasticity Consistent Covariance** and press the **Newey-West** radio button.

Copyright © 1994-2005 Quantitative Micro Software, LLC. All rights reserved. Help system build: January 04, 2005. http://www.eviews.com

Anhang C)

Überrenditen der Value-Portfolios in Abhängigkeit der zugrunde gelegten Fundamentals:

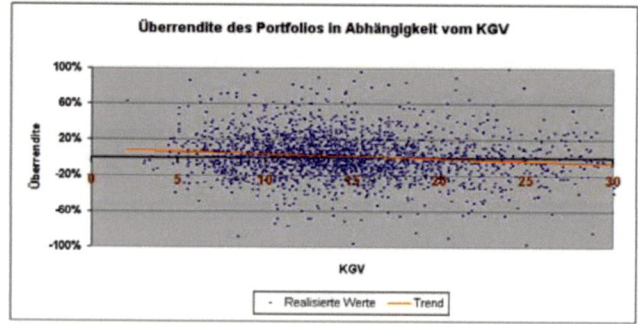

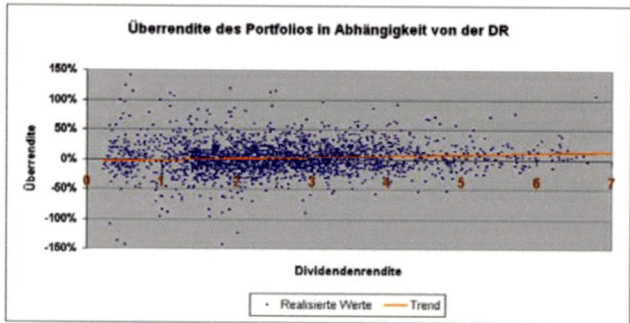

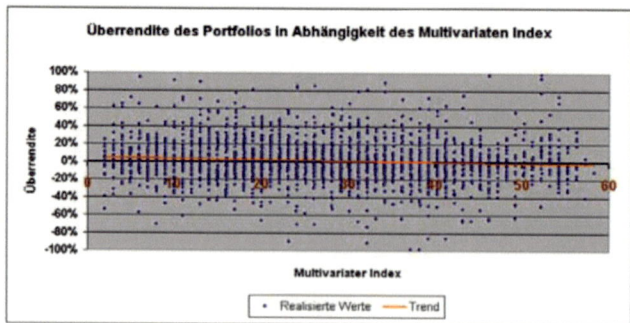

Anhang D)

Renditeverteilungen bei Value- und Index-Strategie

Abgesehen von der rechtsschiefen Verteilung bei der DR sind sich die Verteilungen im Hinblick auf deren Form relativ ähnlich.

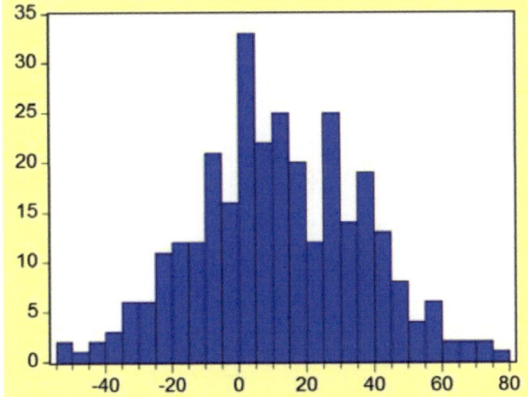

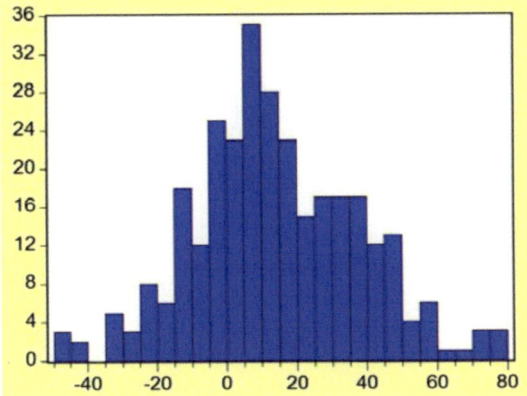

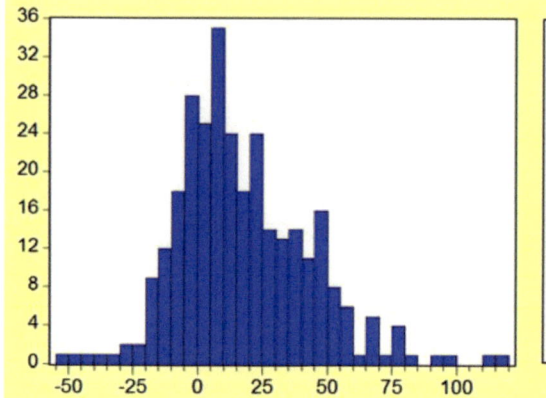

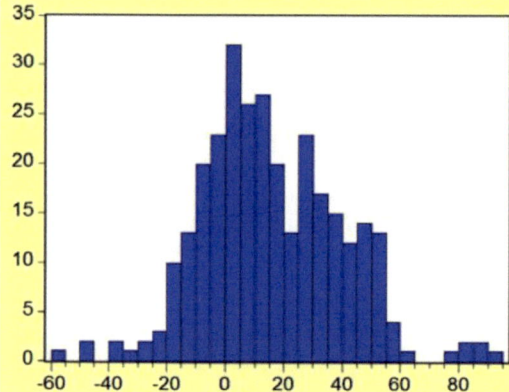

Anhang E)

QQ-Plots: Vergleich der Verteilung der 1-Jahres Renditen der Value-Portfolios gegenüber DAX.

Wenn die theoretischen Quantile beider Verteilungen gleich sind, dann liegen alle Punkte auf der 45°-Linie. Dies ist hier beim DAX selbstverständlich der Fall, da gegenüber diesem die Verteilung verglichen wird (für diesen Fall also zwei identische Verteilungen verglichen werden).

Abweichungen von der 45°-Linie sind vor allem bei den Extremwerten zu erkennen, was größtenteils durch Ausreißer zu erklären ist. Abgesehen von diesen Bereichen lässt sich jedoch augenscheinlich bei KGV und Multivariater Strategie keine systematische Abweichung ausmachen, sodass von einer grundsätzlich sehr ähnlichen Verteilung gegenüber den Index-Renditen ausgegangen werden kann.

Bei der DR verläuft der QQ-Plot gegenüber der 45°-Linie leicht konkav, was bei Betrachtung der Renditeverteilung aufgrund deren Rechtsschiefe im Vergleich zur Verteilung der Index-Renditen zu erklären ist.

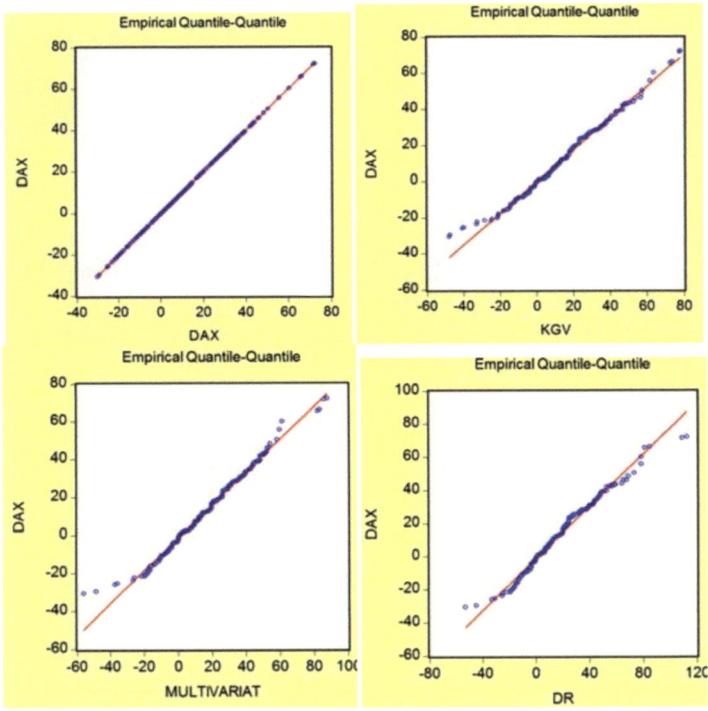

Anhang F)
Performance Value-Portfolios und DAX

KGV 1 Jahr Haltedauer

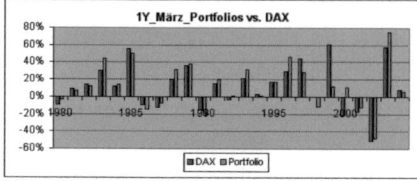
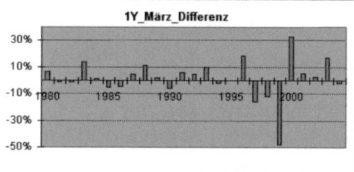
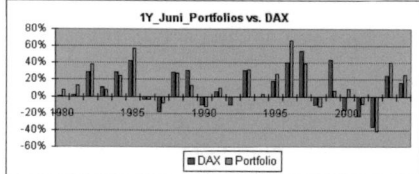
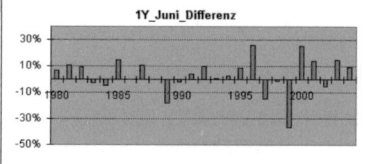
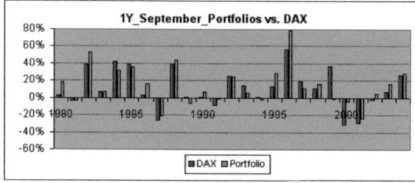
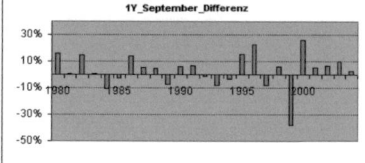
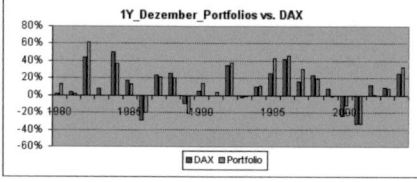
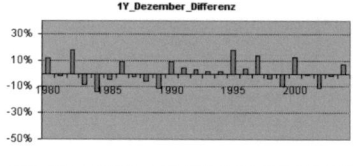

DR 1 Jahr Haltedauer

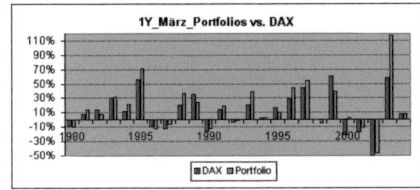
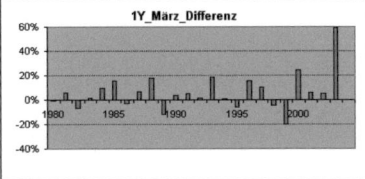
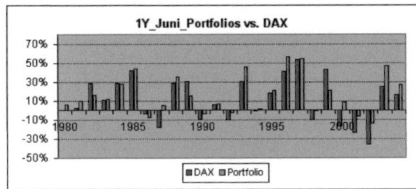
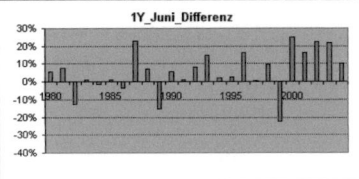
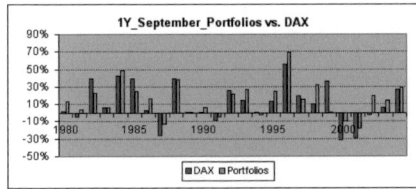
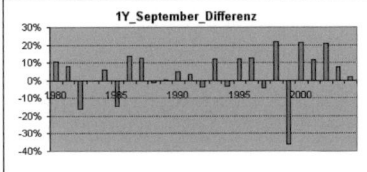
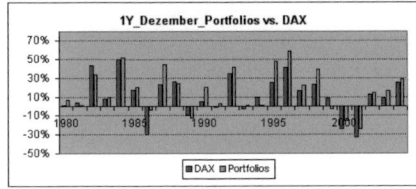
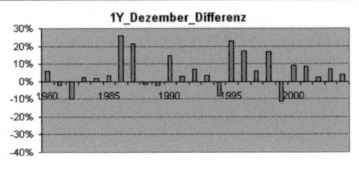

Multivariate Strategie 1 Jahr Haltedauer

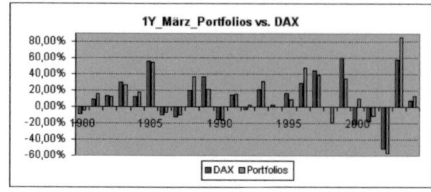
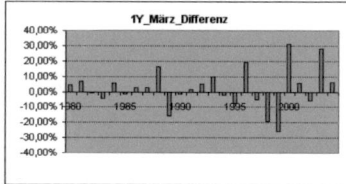
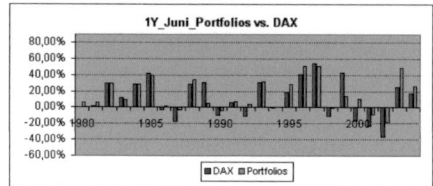
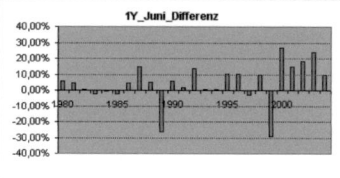
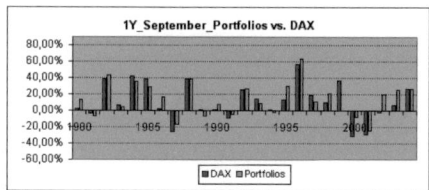
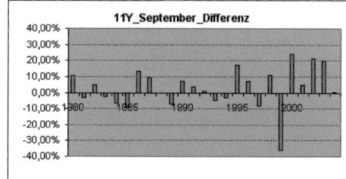
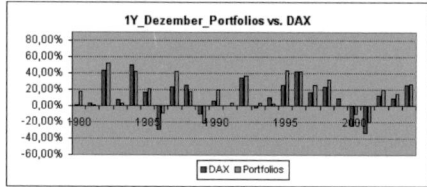
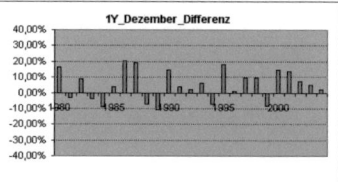

Fortsetzung Anhang F)

KGV 3 Jahre Haltedauer

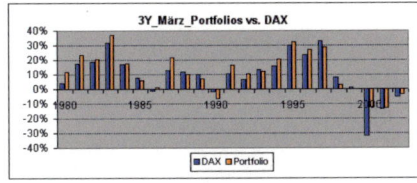 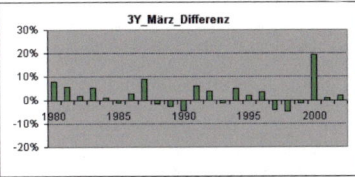

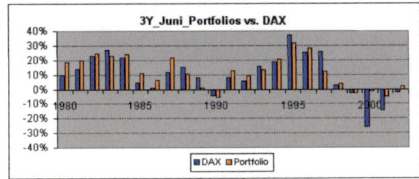 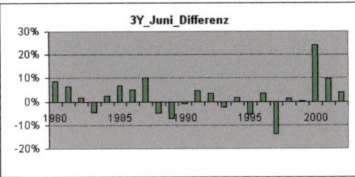

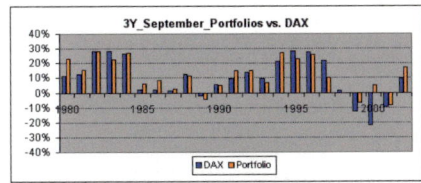 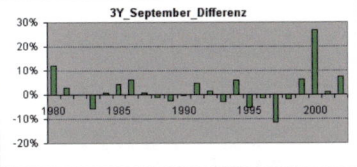

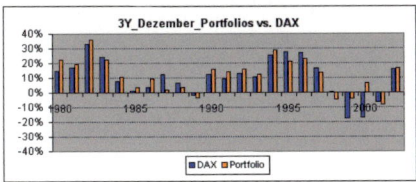 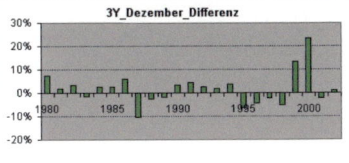

DR 3 Jahre Haltedauer

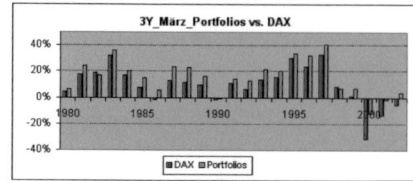 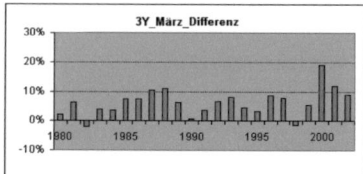

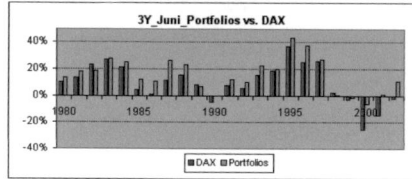 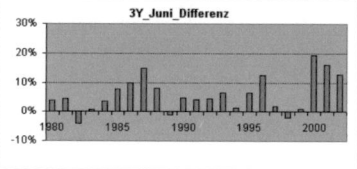

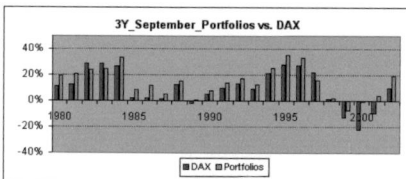 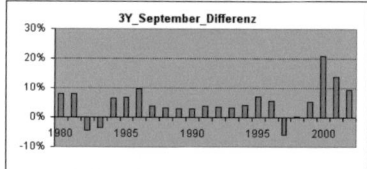

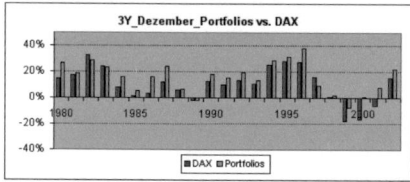 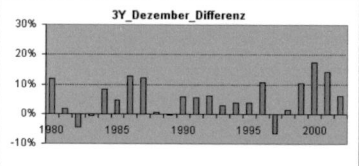

Multivariate Strategie *3 Jahre Haltedauer*

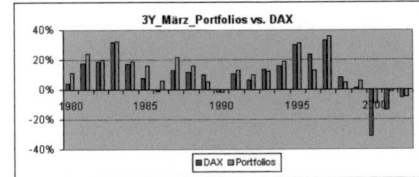
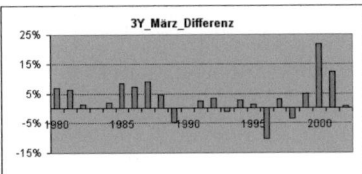
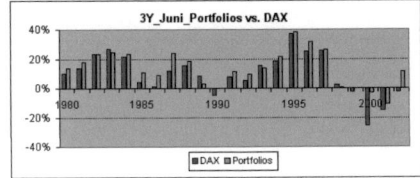
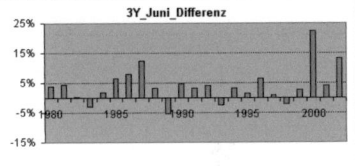
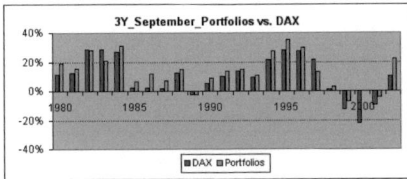
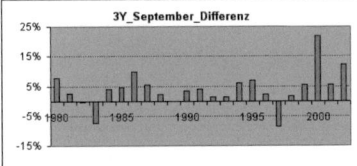
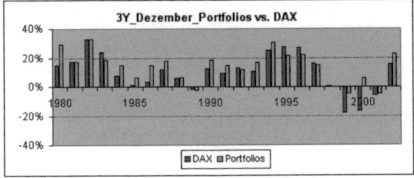
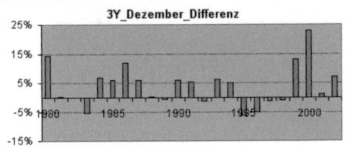

Anhang G)

Zusammenhang der Renditen von Portfolio und Index.

Ergebnisse der Regression und Newey-West-Teststatistiken auf Basis von Quartalswerten bei Zugrundelegung des Regressionsmodells

$$R_{Value} = \gamma_0 + \gamma_1 \cdot R_{DAX} + u_t$$

KGV 1_Jahr_Haltedauer

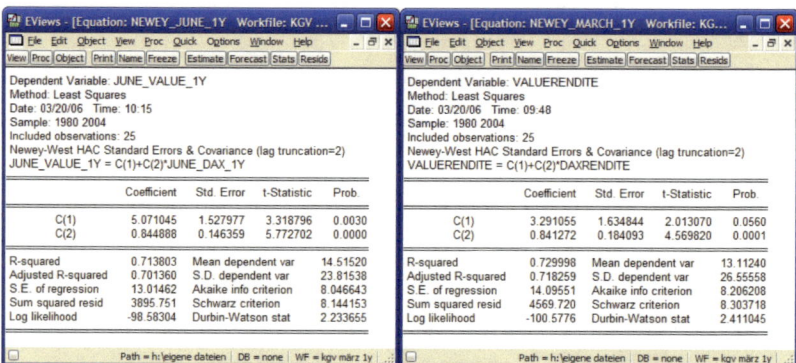

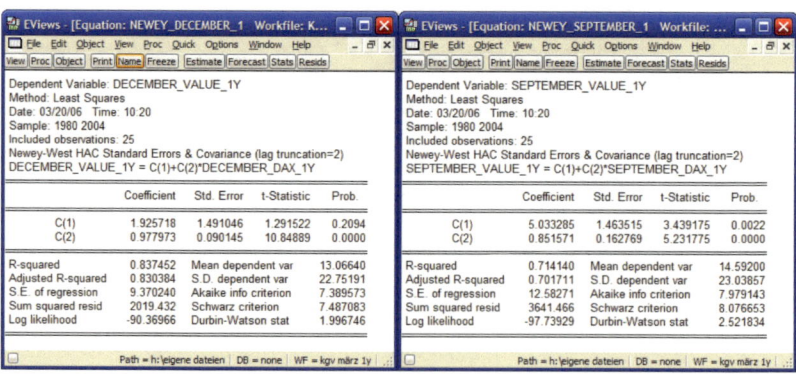

DR 1_Jahr_Haltedauer

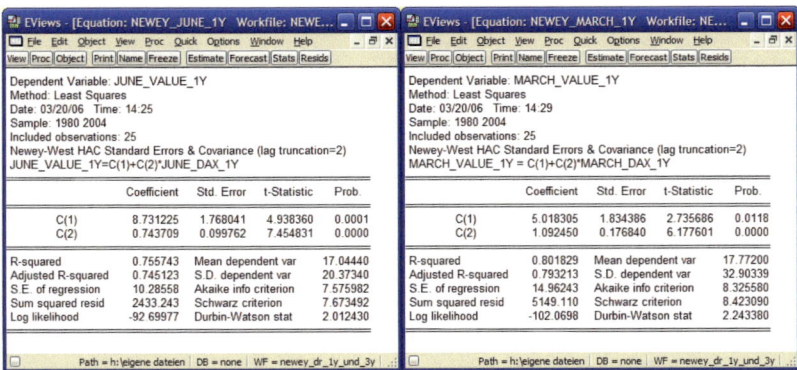

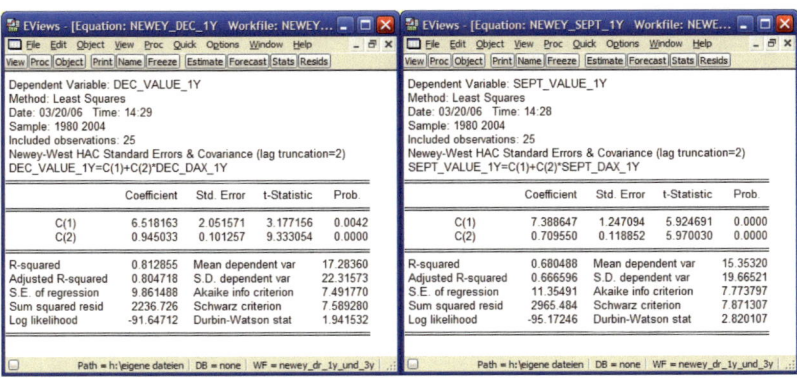

Multivariate Strategie 1_Jahr_Haltedauer

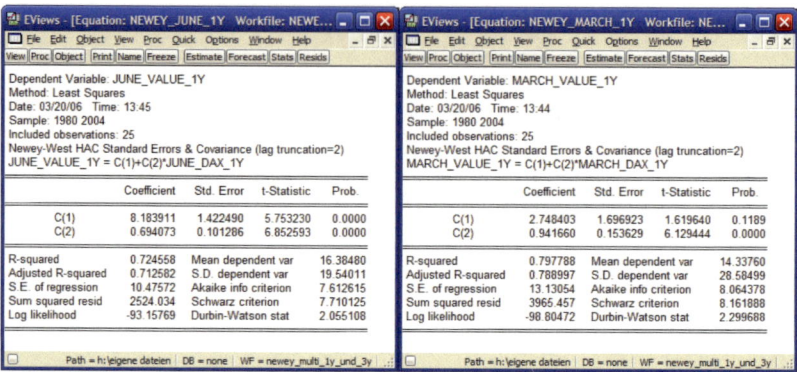

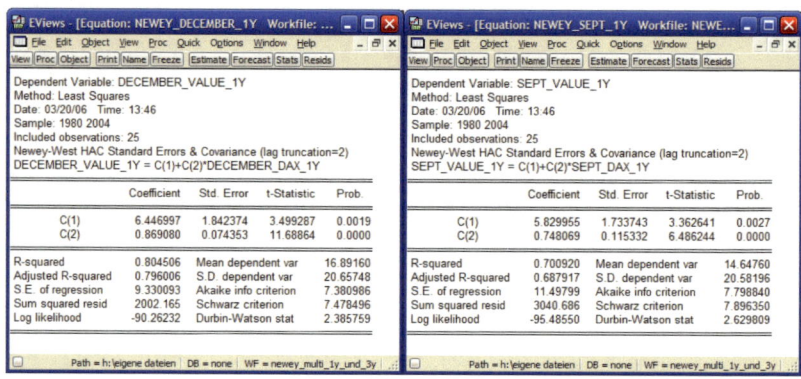

Fortsetzung Anhang G)

KGV 3_Jahre_Haltedauer

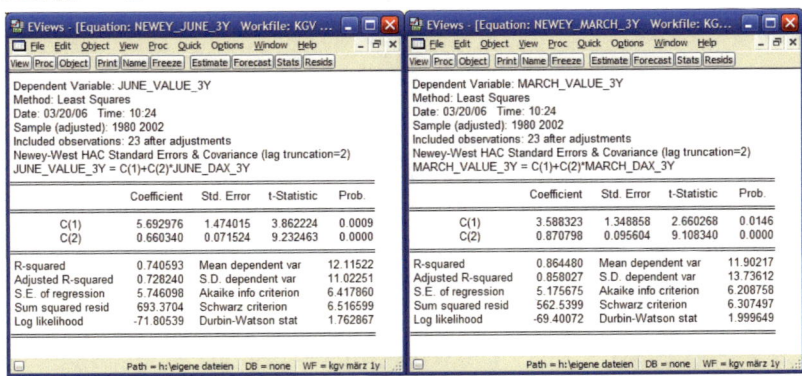

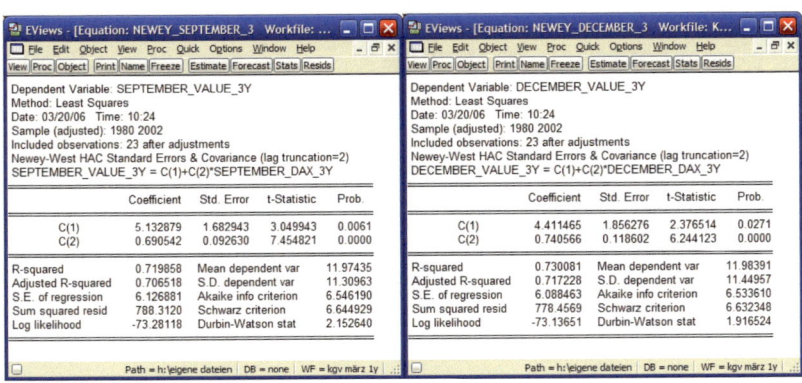

DR 3_Jahre_Haltedauer

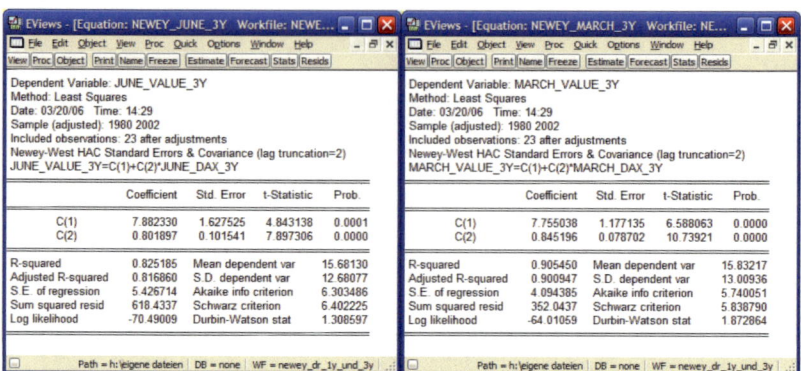

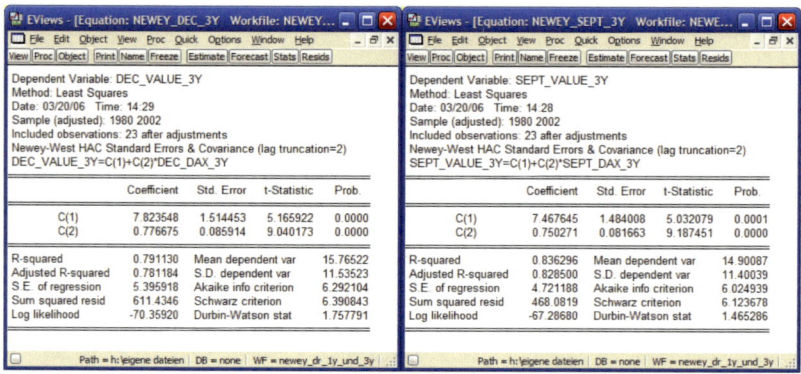

Multivariate Strategie 3_Jahre_Haltedauer

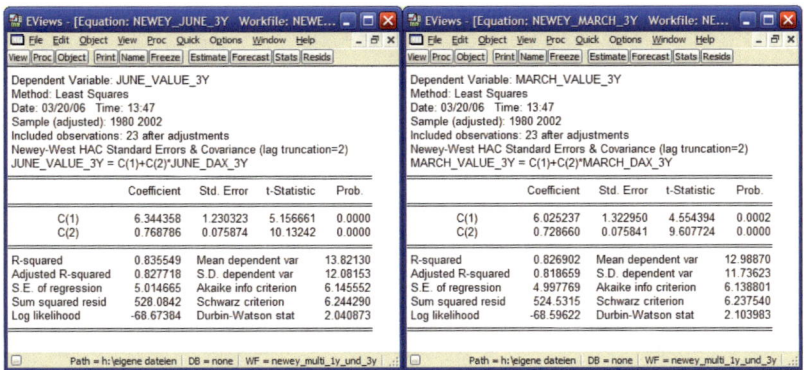

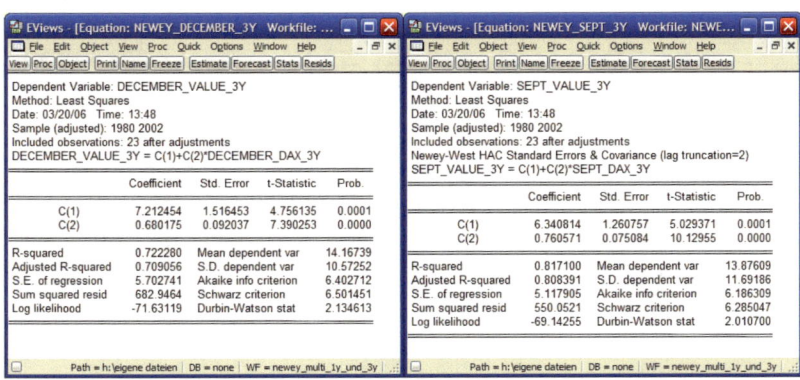

Anhang H)

Performance, gegliedert nach besten (B), mittleren (M) und schlechtesten (W) Jahren anhand des DAX

Multivariat

März (1Y B&H)

	DAX	Portfolio
B 5	51,77%	47,55%
M 15	10,91%	13,61%
W 5	-22,98%	-16,70%

Juni (1Y B&H)

	DAX	Portfolio
B 5	43,22%	38,00%
M 15	12,03%	15,53%
W 5	-20,22%	-2,65%

September (1Y B&H)

	DAX	Portfolio
B 5	43,68%	42,59%
M 15	11,54%	14,09%
W 5	-19,35%	-11,62%

Dezember (1Y B&H)

	DAX	Portfolio
B 5	39,84%	43,94%
M 15	13,16%	17,06%
W 5	-19,22%	-10,67%

DR

März (1Y B&H)

	DAX	Portfolio
B 5	51,77%	62,72%
M 15	10,91%	14,45%
W 5	-22,98%	-16,69%

Juni (1Y B&H)

	DAX	Portfolio
B 5	43,22%	44,90%
M 15	12,03%	14,73%
W 5	-20,22%	-4,73%

September (1Y B&H)

	DAX	Portfolio
B 5	43,68%	40,91%
M 15	11,54%	15,29%
W 5	-19,35%	-7,85%

Dezember (1Y B&H)

	DAX	Portfolio
B 5	39,84%	47,64%
M 15	13,16%	17,27%
W 5	-19,22%	-10,49%

KGV

März (1Y B&H)

	DAX	Portfolio
B 5	51,77%	41,32%
M 15	10,91%	14,05%
W 5	-22,98%	-15,32%

Juni (1Y B&H)

	DAX	Portfolio
B 5	43,22%	40,70%
M 15	12,03%	14,51%
W 5	-20,22%	-9,51%

September (1Y B&H)

	DAX	Portfolio
B 5	43,68%	50,22%
M 15	11,54%	12,29%
W 5	-19,35%	-10,44%

Dezember (1Y B&H)

	DAX	Portfolio
B 5	39,84%	45,69%
M 15	13,16%	13,03%
W 5	-19,22%	-17,18%

Fortsetzung Anhang H)

Multivariat			DR			KGV		
März (3Y B&H)			März (3Y B&H)			März (3Y B&H)		
	DAX	Portfolio		DAX	Portfolio		DAX	Portfolio
B 5	27,84%	26,64%	B 5	27,84%	32,01%	B 5	27,84%	29,49%
M 13	10,82%	13,82%	M 13	10,82%	16,42%	M 13	10,82%	12,56%
W 5	-10,33%	-2,01%	W 5	-10,33%	-0,91%	W 5	-10,33%	-7,06%
Juni (3Y B&H)			Juni (3Y B&H)			Juni (3Y B&H)		
	DAX	Portfolio		DAX	Portfolio		DAX	Portfolio
B 5	28,05%	29,70%	B 5	28,05%	31,03%	B 5	28,05%	23,86%
M 13	10,69%	13,74%	M 13	10,69%	15,68%	M 13	10,69%	13,41%
W 5	-9,43%	-0,10%	W 5	-9,43%	1,10%	W 5	-9,43%	-2,62%
September (3Y B&H)			September (3Y B&H)			September (3Y B&H)		
	DAX	Portfolio		DAX	Portfolio		DAX	Portfolio
B 5	28,22%	29,12%	B 5	28,22%	30,33%	B 5	28,22%	25,73%
M 13	10,58%	14,13%	M 13	10,58%	14,80%	M 13	10,58%	12,53%
W 5	-8,56%	-1,38%	W 5	-8,56%	1,01%	W 5	-8,56%	-2,12%
Dezember (3Y B&H)			Dezember (3Y B&H)			Dezember (3Y B&H)		
	DAX	Portfolio		DAX	Portfolio		DAX	Portfolio
B 5	27,77%	25,13%	B 5	27,77%	29,90%	B 5	27,77%	26,47%
M 13	11,09%	15,54%	M 13	11,09%	16,28%	M 13	11,09%	11,72%
W 5	-7,87%	0,48%	W 5	-7,87%	1,33%	W 5	-7,87%	-1,53%

Anhang J)

Korrelationsfaktoren zwischen den Strategien bei Lag 0

Korrelations-faktoren (1Y)	KGV zu DR	KGV zu Multi	DR zu Multi
März	0,60	0,80	0,81
Juni	0,67	0,78	0,88
September	0,67	0,89	0,81
Dezember	0,33	0,65	0,73

Korrelations-faktoren (3Y)	KGV zu DR	KGV zu Multi	DR zu Multi
März	0,49	0,59	0,58
Juni	0,63	0,77	0,80
September	0,77	0,87	0,89
Dezember	0,41	0,80	0,64

Korrelationsfaktoren zwischen den Strategien bei Lag 1 bzw. Lag 3

KGV 1 Jahr voraus	mit DR	mit Multi
März	-0,20	-0,04
Juni	-0,16	-0,09
September	-0,38	-0,24
Dezember	-0,21	-0,33
Mittelwert	-0,24	-0,18

KGV 3 Jahre voraus	mit DR	mit Multi
März	0,12	-0,03
Juni	-0,33	-0,46
September	-0,60	-0,69
Dezember	-0,38	-0,33
Mittelwert	-0,30	-0,38

DR 1 Jahr voraus	mit KGV	mit Multi
März	-0,06	-0,13
Juni	-0,14	0,05
September	-0,15	-0,17
Dezember	0,16	-0,01
Mittelwert	-0,05	-0,07

DR 3 Jahre voraus	mit KGV	mit Multi
März	-0,63	-0,13
Juni	-0,40	-0,42
September	-0,64	-0,74
Dezember	-0,37	-0,40
Mittelwert	-0,51	-0,42

Multi 1 Jahr voraus	mit KGV	mit DR
März	-0,14	-0,16
Juni	-0,15	-0,06
September	-0,29	-0,35
Dezember	0,00	-0,09
Mittelwert	-0,15	-0,16
Gesamtmittelwert		-0,14

Multi 3 Jahre voraus	mit KGV	mit DR
März	-0,28	-0,21
Juni	-0,51	-0,31
September	-0,63	-0,57
Dezember	-0,23	-0,34
Mittelwert	-0,41	-0,36
Gesamtmittelwert		-0,40

Fortsetzung Anhang J)

Autokorrelation bei Lag 1 bzw. Lag 3

KGV vs. KGV 1 Jahr			KGV vs. KGV 3 Jahre	
März	-0,17		März	-0,33
Juni	-0,16		Juni	-0,61
September	-0,27		September	-0,62
Dezember	-0,04		Dezember	-0,26
Mittelwert	-0,16		Mittelwert	-0,45
DR vs. DR 1 Jahr			DR vs. DR 3 Jahre	
März	-0,18		März	-0,13
Juni	-0,02		Juni	-0,42
September	-0,39		September	-0,64
Dezember	0,02		Dezember	-0,39
Mittelwert	-0,14		Mittelwert	-0,40
Multi vs. Multi 1 Jahr			Multi vs. Multi 3 Jahre	
März	-0,13		März	-0,16
Juni	-0,07		Juni	-0,32
September	-0,24		September	-0,70
Dezember	-0,13		Dezember	-0,32
Mittelwert	-0,14		Mittelwert	-0,38
Gesamtmittelwert	-0,15		Gesamtmittelwert	-0,41

Anhang K)
Kumulierte Verteilungsfunktion der Überrenditen

1 Jahr Haltedauer

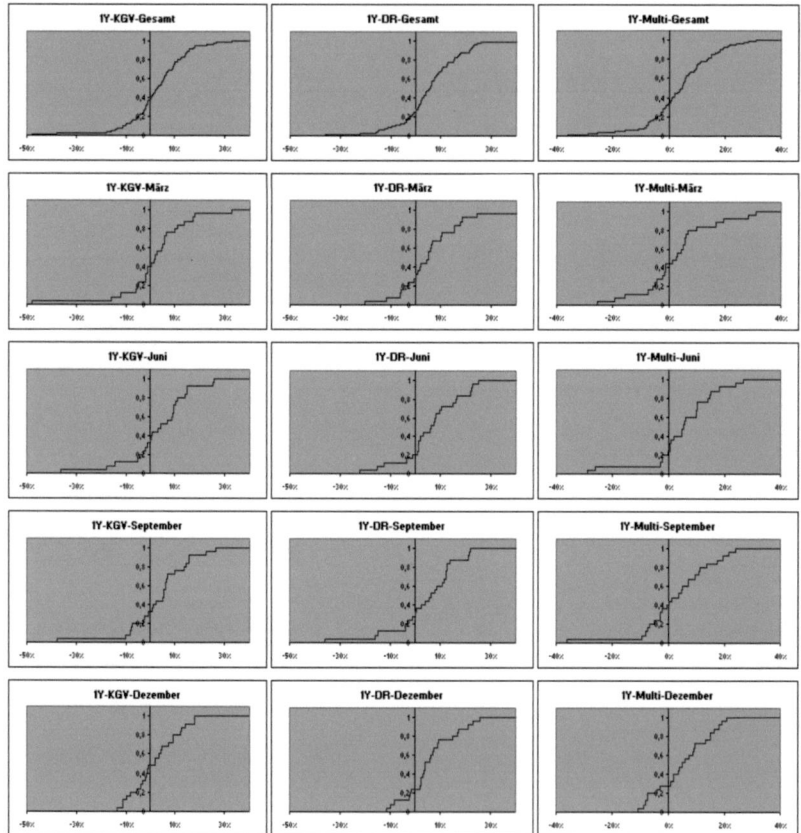

Fortsetzung Anhang K)

3 Jahre Haltedauer

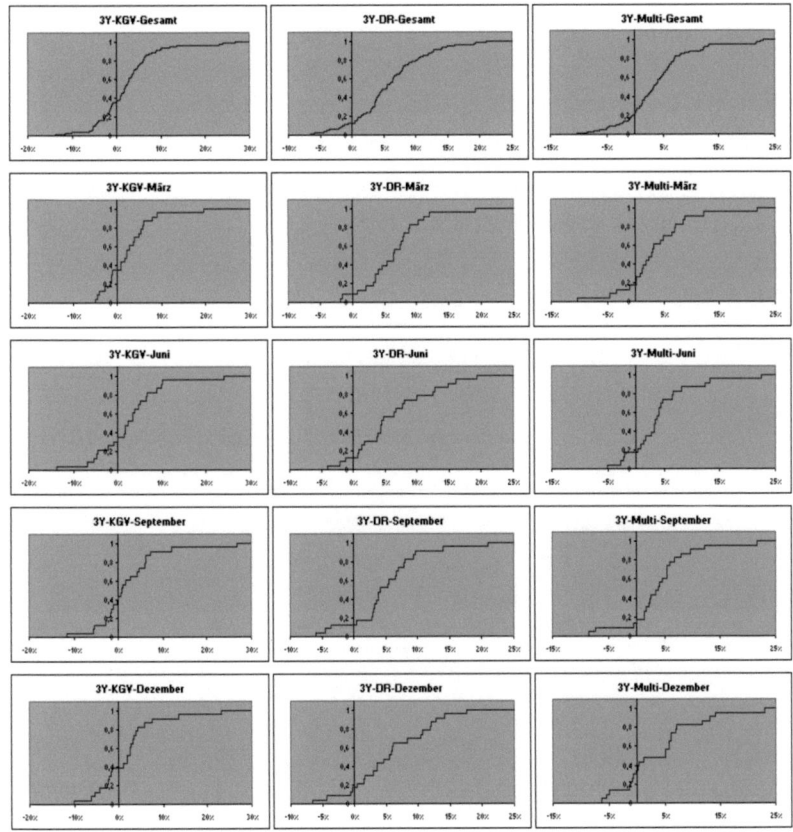

Anhang L)

Omegafunktion bei variierender Mindestüberrendite

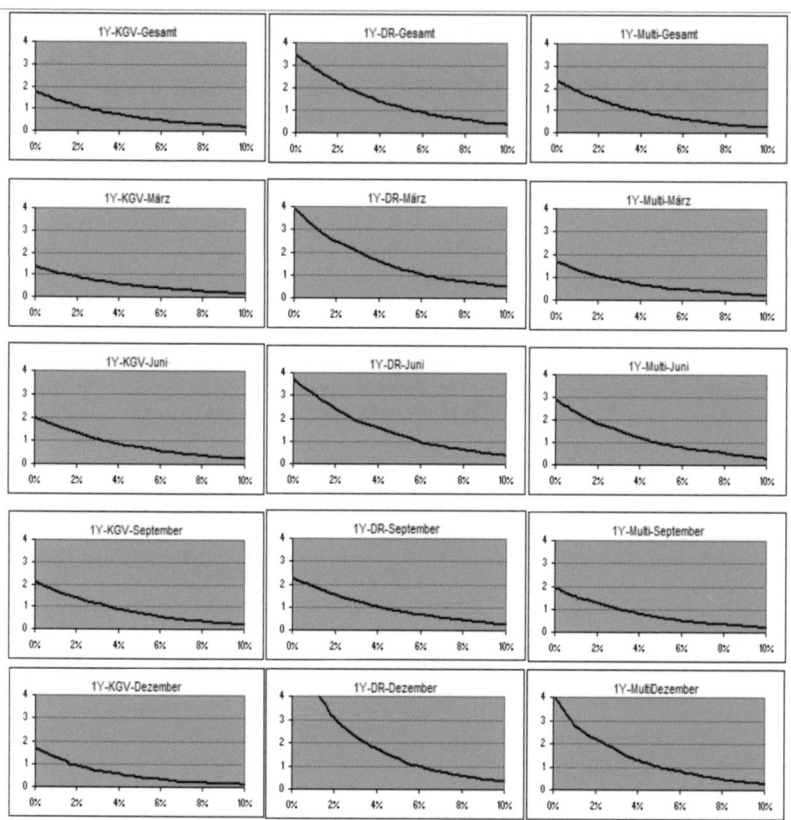

Fortsetzung Anhang L)

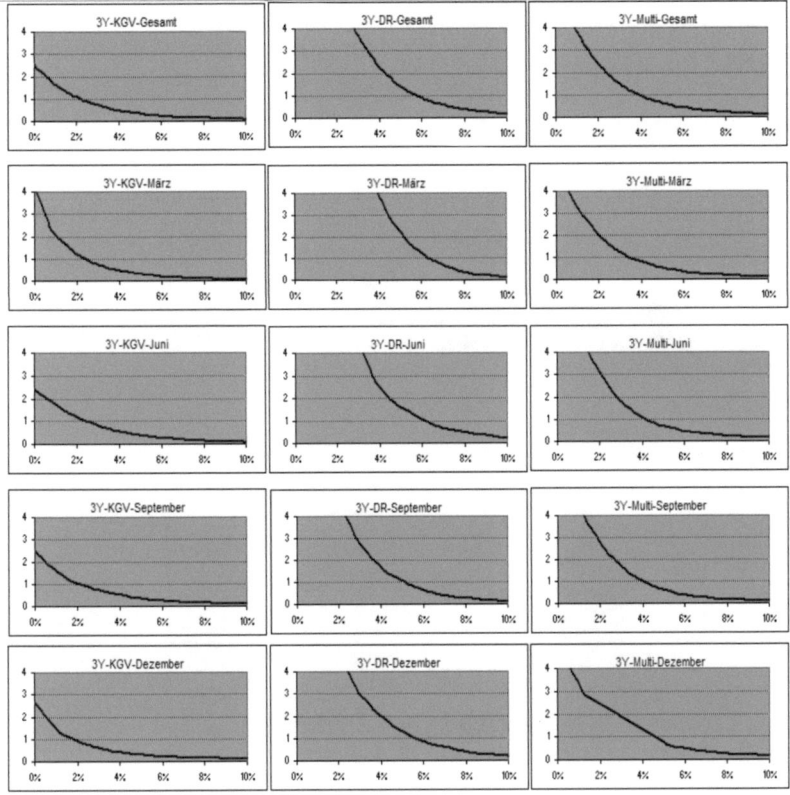

Anhang M)

Verteilung der Überrenditen der verschiedenen Value-Strategien.

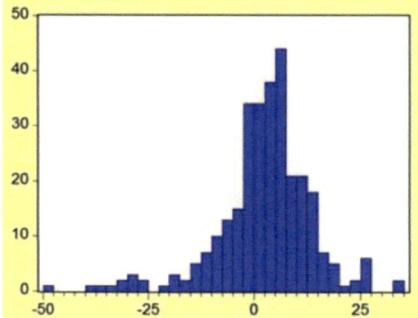

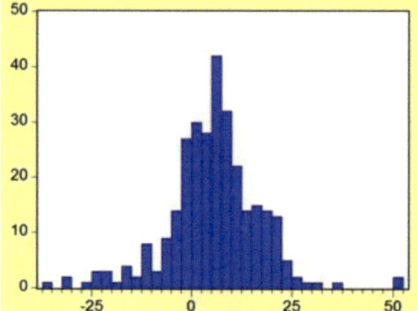

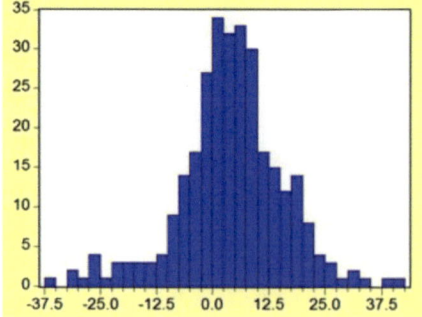